Gobernanza de reguladores

Impulsando el desempeño del Organismo Supervisor de la Inversión Privada en Telecomunicaciones de Perú

El presente trabajo se publica bajo la responsabilidad del Secretario General de la OCDE. Las opiniones expresadas y los argumentos utilizados en el mismo no reflejan necesariamente el punto de vista oficial de los países miembros de la OCDE.

Tanto este documento, así como cualquier dato y cualquier mapa que se incluya en él, se entenderán sin perjuicio respecto al estatus o la soberanía de cualquier territorio, a la delimitación de fronteras y límites internacionales, ni al nombre de cualquier territorio, ciudad o área.

Por favor, cite esta publicación de la siguiente manera:
OECD (2019), *Impulsando el desempeño del Organismo Supervisor de la Inversión Privada en Telecomunicaciones de Perú*, Gobernanza de reguladores, OECD Publishing, Paris.
https://doi.org/10.1787/9789264310612-es

ISBN 978-92-64-31057-5 (impresa)
ISBN 978-92-64-31061-2 (pdf)
ISBN 978-92-64-31063-6 (HTML)
ISBN 978-92-64-31062-9 (epub)

Serie: Gobernanza de reguladores
ISSN 2522-2198 (impresa)
ISSN 2522-2201 (en línea)

Los datos estadísticos para Israel son suministrados por y bajo la responsabilidad de las autoridades israelíes competentes. El uso de estos datos por la OCDE es sin perjuicio del estatuto de los Altos del Golán, Jerusalén Este y los asentamientos israelíes en Cisjordania bajo los términos del derecho internacional.

Prólogo

Los reguladores económicos deben cumplir un importante rol como "árbitros" imparciales para garantizar la predictibilidad y certidumbre de los regímenes regulatorios-factores cruciales para atraer inversiones. Su trabajo es de naturaleza compleja y requiere la participación neutral de diversos actores interesados, incluido el gobierno, los ciudadanos, los consumidores y los operadores. El modelo de regulación económica independiente, basado en una sólida capacidad técnica, transparencia, autonomía y participación constructiva de los actores interesados, puede ayudar a los reguladores a enfrentar este panorama complejo. Además, los reguladores independientes pueden aportar certeza a los mercados y a la sociedad durante periodos de inestabilidad externa. Sin embargo, los reguladores necesitan estar bien preparados para llevar a cabo estas tareas fundamentales y seguir el ritmo de las evoluciones del mercado.

Para ayudar a los reguladores a enfrentar estos retos, la OCDE ha desarrollado un marco para evaluar y fortalecer sus estructuras organizacionales de desempeño y gobernanza. El marco analiza la gobernanza interna y externa de los reguladores, incluyendo sus estructuras organizacionales, comportamiento, mecanismos de rendición de cuentas, procesos de negocio, presentación de informes y la gestión del desempeño; así como la claridad de sus funciones, sus relaciones, y la distribución de facultades y responsabilidades con otros actores interesados tanto gubernamentales como no gubernamentales.

Este informe aplica este Marco para la Evaluación del Desempeño al regulador de las telecomunicaciones en Perú (Organismo Supervisor de Inversión Privada en Telecomunicaciones, OSIPTEL). El estudio encuentra que el OSIPTEL posee una sólida cultura interna y un fuerte compromiso para desempeñar su mandato, pero que hay una necesidad de promover mejor los beneficios generales de una regulación económica independiente externamente.

Como uno de los cuatro reguladores económicos creados en la década de 1990, el OSIPTEL ha supervisado la transformación del sector y del mercado de telecomunicaciones de Perú en un mercado diverso y competitivo para beneficio de los ciudadanos y las empresas del país. Los actores interesados consideran al regulador una entidad técnicamente sólida que ha estado a la altura de su mandato a través de los años. Sin embargo, el estudio encuentra que aún hay margen para mejorar en varias áreas vinculadas con la gobernanza del regulador. Estas incluyen, desarrollar mecanismos internos más rigurosos y diversos para la toma de decisiones, incluso en el Consejo Directivo; reforzar los procesos de transparencia e integridad, así como tener una interacción más frecuente con los actores interesados para informar sobre el desempeño del regulador y del sector.

Por otra parte, una estrategia de relaciones externas más proactiva podría contribuir a comprender mejor el papel del regulador y mitigar los riesgos vinculados a factores externos. El objetivo de esta estrategia deberá ser consolidar una relación "sin sorpresas" con los actores interesados y, a mediano plazo, preparar el terreno para encontrar soluciones a los retos estructurales que enfrenta el OSIPTEL, tales como asegurar que las funciones apropiadas, marcos de recursos y mecanismos de coordinación estén sólidamente establecidos.

El estudio, realizado simultáneamente con el del regulador de energía y minería de Perú, el Osinergmin, recomienda que los cuatro reguladores económicos de Perú trabajen en equipo más eficazmente para compartir las mejores prácticas y enfrentar los retos comunes.

Estas acciones, entre otras presentadas en este informe, podrían ayudar al OSIPTEL a apoyarse en su trabajo técnico y reputación para convertirse en un ejemplo de madurez institucional dentro de la administración pública peruana.

Este informe es parte del programa de trabajo de la OCDE sobre la gobernanza de los reguladores y política regulatoria, encabezado por la Red de Reguladores Económicos de la OCDE y el Comité de Política Regulatoria de la OCDE con el respaldo de la División de Política Regulatoria de la Dirección de Gobernanza Pública de la OCDE. La misión de la Dirección consiste en ayudar al gobierno en todos sus niveles a diseñar e implementar políticas estratégicas, innovadoras y basadas en evidencias que respaldan el desarrollo económico y social sostenible.

Reconocimientos

Este informe fue coordinado y preparado por Anna Pietikainen y James Drummond. El trabajo que sirve de fundamento al informe lo encabezó Filippo Cavassini. Lorenzo Casullo, Filippo Cavassini, Andrea Pérez, Winona Rei Bolislis, así como Nick Malyshev, jefe de la División de Política Regulatoria, aportaron comentarios de fondo. El trabajo recibió el impulso y apoyo de Marcos Bonturi, director, e Irène Hors, directora adjunta de la Dirección de Gobernanza Pública. Jennifer Stein coordinó el proceso editorial y Kate Lancaster y Andrea Uhrhammer brindaron apoyo editorial. Alejandro Camacho, del Centro de la OCDE México, prestó su apoyo para la traducción del informe al español, la misma que se realizó con Solar, Servicios Editoriales.

El equipo incluyó a tres revisores pares de los miembros de la Red de Reguladores Económicos de la OCDE (NER, por sus siglas en inglés), que participaron en una misión de política a Perú e hicieron amplias aportaciones y dieron retroalimentación durante el desarrollo del estudio: Luisa Perrotti, ex jefa de Gabinete, Presidencia, Autoridad Reguladora del Transporte (ART), Italia; Adolfo Cuevas, comisionado del Instituto Federal de Telecomunicaciones (IFT), México; y, Jonathan Porter, asesor económico senior de Ofcom, Reino Unido.

El informe no hubiese sido posible sin el apoyo del OSIPTEL y su personal. El equipo desea agradecer en particular a los siguientes colegas por su excepcional ayuda en la recopilación de datos e información, la organización de las misiones del equipo en Perú y la retroalimentación proporcionada en diferentes etapas del desarrollo del estudio: Rafael Muente, presidente del Consejo; Sergio Cifuentes, gerente general; Romina Alania, especialista en Gestión Regulatoria; Vanessa Castillo, coordinadora de Asuntos Internacionales, y Claudio Palomares, especialista en Relaciones Internacionales. Las entrevistas y comentarios de las distintas agencias del OSIPTEL, y de los actores interesados del gobierno y de la industria durante el proceso del estudio también contribuyeron al análisis presentado en el informe.

El borrador del informe se analizó en la Red de Reguladores Económicos de la OCDE en noviembre de 2018.

Índice

Cuadros

Gráficas

Encuadros

Acrónimos y abreviaturas

CEPLAN	Centro Nacional de Planeamiento Estratégico
CGR	Contraloría General de la República
CODECO	Comisión de Defensa del Consumidor y Organismos Reguladores de los Servicios Públicos
CPP	Constitución Política del Perú
ERESTEL	Encuesta residencial de servicios de telecomunicaciones
FITEL	Fondo de Inversión en Telecomunicaciones
GAF	Gerencia de Administración y Finanzas
GAL	Gerencia de Asesoría Legal
GOD	Gerencia de Oficinas Desconcentradas
GPP	Gerencia de Planeamiento y Presupuesto
GPRC	Gerencia de Políticas Regulatorias y Competencia
GPSU	Gerencia de Protección y Servicio al Usuario
GSF	Gerencia de Supervisión y Fiscalización
Indecopi	Instituto Nacional de Defensa de la Competencia y de la Protección de la Propiedad Intelectual
ISO	Organización Internacional de Normalización
LMOR	Ley Marco de los Organismos Reguladores de la Inversión Privada en los Servicios Públicos
LOGR	Ley Orgánica de Gobiernos Regionales
LOM	Ley Orgánica de Municipalidades
LOPE	Ley Orgánica del Poder Ejecutivo
MCQR	Comisión Multisectorial de Calidad Regulatoria
MEF	Ministerio de Economía y Finanzas
MINJUS	Ministerio de Justicia y Derechos Humanos
MTC	Ministerio de Transporte y Comunicaciones
NER	Red de Reguladores Económicos
NRIP	Norma de Requerimientos de Información Periódica

PAFER	Marco para la Evaluación del Desempeño de los Reguladores Económicos
PCM	Presidencia del Consejo de Ministros
PEDN	Plan Estratégico de Desarrollo Nacional
PEI	Plan Estratégico Institucional
POI	Objetivos Estratégicos Institucionales
ProInversión	Agencia de Promoción de la Inversión Privada
OCI	Órgano de Control Institucional
Osinergmin	Organismo Supervisor de la Inversión en Energía y Minería
OSIPTEL	Organismo Supervisor de Inversión Privada en Telecomunicaciones
OSITRAN	Organismo Supervisor de la Inversión en Infraestructura de Transporte de Uso Público
RDNFO	Red Dorsal Nacional de Fibra Óptica
RIA	Análisis de Impacto Regulatorio
RQA	Análisis de Calidad Regulatoria
SERVIR	Autoridad Nacional del Servicio Civil
SIAF	Sistemas Integrados de Administración Financiera
SIGEP	Sistema de gestión de las estadísticas periódicas
SINAPLAN	Sistema Nacional de Planeamiento Estratégico
SIRT	Sistema de consultas de tarifas
SUNASS	Superintendencia Nacional de Servicios de Saneamiento
TRASU	Tribunal Administrativo de Solución de Reclamos de Usuarios

Resumen ejecutivo

El Organismo Supervisor de Inversión Privada en Telecomunicaciones (OSIPTEL) fue creado en 1994 como el regulador peruano para el sector telecomunicaciones. Desde entonces, el regulador ha supervisado la liberalización del mercado y la transformación de los servicios ofrecidos a los ciudadanos y empresas del país con la aparición de nuevas tecnologías. Si bien el OSIPTEL ha tenido un mandato estable, el dinamismo y ritmo de los cambios en el sector telecomunicaciones han incrementado sus funciones regulatorias. Para adaptarse exitosamente a estos nuevos desafíos, el regulador necesitará fortalecer su estrategia de relaciones externas, crear un marco más predecible para la participación de los actores interesados y reportar sus resultados de desempeño, y potenciar la gobernanza interna y la claridad en la toma de decisiones.

Rol y objetivos

El OSIPTEL es un órgano regulador desconcentrado que goza de autonomía técnica, administrativa, económica y financiera. Sin embargo, al igual que todos los reguladores peruanos, depende de la Presidencia del Consejo de Ministros (PCM) para la aprobación de varios procedimientos, y está sujeto a las reglas generales de presupuesto público. Funciona dentro de la política sectorial establecida por el Ejecutivo y publica periódicamente opiniones técnicas no vinculantes en respuesta a consultas del Ministerio de Transportes y Comunicaciones. No hay mecanismos de coordinación formales o estructurados que agrupen a las entidades públicas que intervienen en el sector telecomunicaciones.

El OSIPTEL ha gozado de un mandato estable y se ha creado una sólida reputación como órgano técnicamente competente, con una sólida cultura interna y un fuerte compromiso para cumplir su mandato. El regulador fija sus objetivos en Planes Estratégicos quinquenales, y tiene una estrategia de comunicaciones y difusión activa.

Recomendaciones clave

- ***Consolidar*** una relación "sin sorpresas" con los actores interesados, con base en una mayor participación y confianza que incluya una estrategia sólida de relaciones externas. Esta estrategia debe concentrarse en los objetivos y resultados principales del regulador, y en mecanismos de coordinación sectorial más activos y con esfuerzos conjuntos entre los reguladores económicos para abordar las oportunidades y retos comunes.
- ***Analizar*** si las funciones y facultades del regulador son acordes a su función y objetivos, mediante una evaluación comparativa internacional y tomando en cuenta la distribución de facultades respecto a otras entidades públicas.

- ***Compartir*** la metodología del OSIPTEL sobre planeamiento estratégico con otras entidades públicas y utilizar esto como base para crear un planeamiento regulatorio estable por anticipado.

Insumos

El financiamiento total del OSIPTEL procede de recursos recibidos del sector regulado. En la práctica, su presupuesto se rige por las normas del gobierno central que limitan el monto recibido del sector por debajo de lo permitido por la legislación, así como medidas de austeridad y fiscales que dejan al regulador con la sensación de que no tiene suficientes recursos y no puede gestionar sus fondos con libertad.

El OSIPTEL está reconocido por tener personal altamente técnico, pero no tiene un marco de empleo uniforme. A pesar de las restricciones de los marcos laborales del gobierno, al OSIPTEL por lo general se le considera un lugar apropiado para trabajar gracias a las exitosas iniciativas implementadas por la administración.

Recomendaciones clave

- ***Revisar*** las tarifas regulatorias en forma regular con base en principios de recuperación de gastos y buscar claridad en las restricciones del gobierno central que tienen repercusiones en el modelo de financiamiento del regulador y en su gestión financiera.
- ***Implementar*** un marco de recursos humanos en favor de la diversidad, reclutamiento, remuneraciones e incentivos, que tome en consideración las necesidades especiales de los reguladores económicos, incluyendo la igualdad de condiciones en cuanto a las prácticas de reclutamiento y los marcos de contratación.

Proceso

En el OSIPTEL, el Consejo Directivo encabeza la toma de decisiones. Opera bajo un amplio mandato ejecutivo, provee escasos aportes en cuestiones estratégicas y ejerce sus funciones con recursos limitados. La gestión interna está centralizada en el presidente del Consejo y en el gerente general.

El OSIPTEL emplea buenas prácticas regulatorias para mejorar la calidad de las regulaciones que emite. Fue pionero en el sector público en la implementación de los análisis de calidad regulatoria. Sin embargo, la participación de los actores interesados tiende a realizarse en fases tardías de los procedimientos y no se conducen revisiones *ex post* sistemáticamente. Si bien el OSIPTEL asigna suma prioridad a la toma transparente de decisiones y de rendición de cuentas, compartiendo información sobre el desempeño del sector y sus actividades, carece de mecanismos formales para rendir cuentas.

Recomendaciones clave

- ***Evaluar*** si las actividades y recursos del Consejo están alineados a su mandato, e introducir mecanismos internos y deliberados de control de calidad, así como establecer una función que analice y ponga a prueba los mecanismos de toma de decisiones y procesos del regulador (función de desafío).

- ***Crear*** un comité consultivo de actores interesados para realizar consultas transparentes y tempranas a la industria, los usuarios y otros actores pertinentes para así potenciar la inclusión y predictibilidad de las actividades regulatorias del OSIPTEL.
- ***Poner*** en práctica actividades de interacción regular con el Congreso para incrementar la rendición de cuentas y promover la comprensión de la función y las actividades del regulador por parte del Poder Legislativo.

Rendimiento y resultados

Las actividades del OSIPTEL se rigen por un marco estratégico quinquenal que incluye una combinación de resultados y metas organizacionales, respaldados por indicadores sofisticados para medir sus logros. Sin embargo, el monitoreo de estos indicadores requiere de muchos recursos y los resultados no se utilizan lo suficiente para efectos de rendición de cuentas y transparencia. El regulador recolecta y publica gran cantidad de datos brutos, además de diversos informes que emplean estos datos.

Recomendaciones clave

- ***Armonizar*** en mayor medida el informe anual con el marco estratégico y aprovecharlo como una oportunidad para comunicar los logros al contrastarlos con los objetivos estratégicos.
- ***Organizar*** eventos públicos con los actores interesados para presentar el informe anual.
- ***Examinar*** la oportunidad de optimizar o reducir los requerimientos de datos para mejorar la consistencia y exhaustividad de la información y revisar los procesos utilizados para recolectar datos.

Evaluación y recomendaciones

Introducción

Desde su creación en 1994, el OSIPTEL ha gozado de un mandato estable en un mercado dinámico y de rápida evolución como regulador económico para el sector telecomunicaciones, y los actores interesados lo reconocen como un órgano técnicamente competente. Lo crearon junto con otros tres reguladores económicos en la década de 1990 para supervisar la transición de Perú a una economía liberalizada y permitir la estabilidad a largo plazo en los sectores económicos clave. En este tiempo, el sector y el mercado de telecomunicaciones se han convertido en un mercado diverso y competitivo que ha beneficiado a los ciudadanos y empresas del país. Como parte de esta evolución, las funciones del regulador han aumentado con el paso de los años, ya que el Ejecutivo y el Legislativo le agregan nuevas responsabilidades, porque la gama de servicios de comunicaciones y los métodos para prestarlos siguen incrementándose. El regulador cuenta con una sólida cultura interna y el firme compromiso para cumplir su mandato, pero hay una frecuente oposición externa de actores interesados que ejerce presión sobre la capacidad del OSIPTEL para lograr una verdadera promoción de la competencia y proteger a los consumidores.

Como resultado, hay oportunidad para que el OSIPTEL invierta en varias áreas vinculadas a su gobernanza interna y externa como medio para reforzar su capacidad institucional y organizacional a fin de dar certeza a los mercados y la sociedad. Esto incluye desarrollar mecanismos internos de toma de decisiones más rigurosos y diversos, incluso en el Consejo Directivo; reforzar los procesos de transparencia e integridad y tener una interacción más frecuente con los actores interesados para informar sobre el desempeño del regulador y del sector. Una estrategia de relaciones externas más proactiva implementada por el regulador contribuiría a dar a conocer mejor su rol y mitigaría los riesgos ligados a factores exógenos. El objetivo de esta estrategia deberá ser consolidar una relación "sin sorpresas" con los actores interesados que, a mediano plazo, podría sentar las bases para encontrar soluciones a los retos sistémicos que enfrenta el OSIPTEL. El trabajo en colaboración con los otros reguladores económicos de Perú para compartir las mejores prácticas y enfrentar retos comunes puede ayudar a intensificar los efectos e instituir a estos organismos como ejemplos de madurez institucional dentro de la administración pública peruana.

Rol y objetivos

Mandato

El OSIPTEL es uno de los cuatro reguladores económicos creados en la década de 1990 para supervisar la transición de Perú a una economía liberalizada. El regulador comparte con los otros reguladores económicos un marco jurídico (Ley marco de los organismos reguladores de la inversión privada en los servicios públicos, Ley No. 27332, o LMOR) que les otorga autonomía, pero los adscribe a la Presidencia del Consejo de

Ministros (PCM). La LMOR instituye al OSIPTEL y a los reguladores sectoriales análogos (energía y minería, transporte, agua) como órganos reguladores especializados y desconcentrados con autonomía técnica, administrativa, económica y financiera. Sin embargo, los reguladores dependen de la PCM para aprobar varios procedimientos, desde los viajes internacionales del personal hasta los cambios en la estructura organizacional, lo que obstaculiza la toma de decisiones e intervención rápida y eficaz, y plantea retos a la independencia del regulador a lo largo de segmentos críticos específicos en su ciclo de vida.

El OSIPTEL ha gozado de un mandato estable sobre un mercado dinámico en rápida evolución desde su creación, en 1994, como regulador económico en Perú para el sector telecomunicaciones. Creado por el Decreto Legislativo No. 702 en 1991 y comenzando oficialmente operaciones en 1994, el OSIPTEL vigiló la liberalización del mercado de telecomunicaciones en sus primeros años de funcionamiento (véase cuadro 1). Por ley, sus objetivos son garantizar la calidad y eficiencia de los servicios al usuario y regular las tarifas del sector. El OSIPTEL también regula y supervisa la competencia y la protección del consumidor en el mercado de telecomunicaciones, función que ejerce exclusivamente el Instituto Nacional de Defensa de la Competencia y de la Protección de la Propiedad Intelectual (Indecopi), autoridad de competencia y protección del consumidor de Perú, en la mayoría de los otros sectores económicos. Este mandato se refleja en el eslogan actual del regulador: "Promovemos la competencia y empoderamos al usuario". Desde 1994, el mercado de telecomunicaciones ha evolucionado de tener una sola empresa estatal a cinco grandes operadores y más de cien empresas pequeñas y medianas en 2018. Se introdujo también la telefonía móvil, el internet móvil y fijo, la TV de paga y el internet de fibra al mercado en beneficio de los ciudadanos y la economía de Perú.

Cuadro 1. Facultades y funciones del OSIPTEL

Competencia	Promueve la competencia entre operadores de telecomunicaciones al reducir las barreras de acceso y los costos para el cambio de proveedor por parte de los consumidores
Tarifas	Fija tarifas para los servicios públicos en el sector telecomunicaciones
Normativa	Establece normas y reglas, define las infracciones y establece sanciones
Fiscalizadora y/o sancionadora	Califica las infracciones e impone sanciones
Solución de controversias	Resuelve controversias en el sector telecomunicaciones
Solución de reclamos	Actúa como segunda instancia para los reclamos de los clientes
Supervisión	Supervisa que las entidades reguladas respeten las normas y reglamentos del sector dictados por el regulador

Fuente: OSIPTEL, 2018[1].

Si bien el regulador posee una sólida cultura interna y se compromete a cumplir su mandato, es necesario pronunciarse externamente a favor de los beneficios de la regulación económica independiente. Los reguladores económicos independientes ofrecen certidumbre y predictibilidad mediante visiones estratégicas a mediano y largo plazo respecto a los regímenes regulatorios que crean y apoyan. Con el paso del tiempo, esto inspira confianza en las instituciones públicas y fomenta la inversión. La independencia de los reguladores y su capacidad para tomar decisiones técnicas basadas en pruebas concluyentes concede a los reguladores el potencial para actuar como baluartes contra la corrupción e influencias indebidas, con lo que aumenta la confianza en la administración pública. Estos beneficios de la regulación económica independiente son relevantes y valiosos para el contexto político peruano, que se ha visto afectado por inestabilidad ligada a escándalos de corrupción en 2017-18.

Una estrategia de relaciones externas más proactiva ayudaría a los actores interesados a entender la función y los beneficios de una regulación económica independiente, y a encarar los riesgos externos. Una estrategia de relaciones externas vigorosa, estructurada en torno a la comunicación de las contribuciones esenciales y el impacto de los reguladores económicos en la economía, constituiría un contrapeso para la inestabilidad que escapa al control de la autoridad reguladora. Si bien la independencia es importante, no significa que los reguladores actúen en forma aislada; por el contrario, dicha estrategia deberá tener como meta el compromiso constructivo al establecer un diálogo constante y generar confianza. El impacto podría ampliarse al poner en marcha esa estrategia de manera conjunta, cuando sea pertinente, con otros reguladores económicos de Perú. Podría contribuir a entender mejor la función del regulador y a crear una relación "sin sorpresas" con otras autoridades del Estado y con el sector regulado que podría sentar las bases para solucionar más deficiencias estructurales cuando llegue el momento.

Encuadro 1. Ejemplos de coordinación entre organismos reguladores

Los retos que los reguladores enfrentan suelen trascender los límites sectoriales y geográficos, por lo que se requiere mayor coordinación y colaboración. Hay algunas experiencias de coordinación entre órganos reguladores internos, como en:

Australia: el objetivo del Foro de Reguladores de Servicios Públicos (*Utility Regulators Forum*) es facilitar el intercambio de información, el conocimiento de los problemas que enfrentan los reguladores, la coherencia en la aplicación de las funciones reguladoras y la revisión de nuevas ideas acerca de prácticas reguladoras. La publicación del boletín del foro es trimestral y contiene artículos sobre retos comunes, resúmenes de artículos aparecidos recientemente en publicaciones sobre asuntos regulatorios y actualización de decisiones reguladoras.

Francia: el Club de Reguladores (*Club des Régulateurs*) brinda un foro para los reguladores económicos establecidos y también para los nuevos, a fin de que todos los años compartan los problemas comunes en algunas reuniones temáticas, más recientemente sobre aspectos de privacidad y manejo de datos. Lo organiza un tercero, en la actualidad una institución académica.

México: después de la revisión de pares realizada por la OCDE a tres órganos reguladores en materia energética (Agencia de Seguridad, Energía y Ambiente, ASEA; Comisión Nacional de Hidrocarburos, CNH; y, Comisión Reguladora de Energía, CRE), se estableció un grupo coordinador permanente para el sector energético; esto conduce a informes conjuntos, inspecciones y un programa de intercambio que prepara mejor a los reguladores para implementar amplias reformas en el sector.

Reino Unido (Escocia): Como parte de la Revisión Estratégica de tarifas para el período 2021-27, los actores interesados en Escocia se reúnen mensualmente para asegurarse de tener aceptación colectiva y trabajo colaborativo en relación a los asuntos estratégicos que enfrentan los sectores hídricos y de aguas residuales. Las reuniones involucran representantes de alto nivel del operador de agua (*Scottish Water*), del regulador económico (Comisión de la Industria del Agua en Escocia, WICS por sus siglas en inglés), el regulador de calidad (Regulador de la Calidad del Agua Potable de Escocia, DWQR por sus siglas en inglés), y el regulador ambiental (Agencia de Protección Ambiental de Escocia, SEPA por sus siglas en inglés), así como el Foro de Consumidores de Escocia y la asociación de consumidores. Un análisis más granular de los grupos de trabajo contribuye a las discusiones de alto nivel.

Fuente: Network of Economic Regulators (NER) de la OCDE, 2018.

Recomendaciones:

- ***Desarrollar*** una estrategia sólida de relaciones externas que comunique los objetivos esenciales, la razón de ser y los resultados del regulador y, cuando sea pertinente, hacerlo junto con otros reguladores económicos de Perú. Esta estrategia ofrecería una narrativa estable sobre la labor del OSIPTEL, al centrarse en un número limitado de indicadores/resultados clave, y podría ser comunicada por todos los miembros del Consejo y de la alta dirección. Esta estrategia y los recursos para su implementación se diferenciarían de las actividades de comunicación dirigidas a la protección de los derechos del usuario.
- ***Establecer*** un foro donde los reguladores económicos de Perú se reúnan para armonizar los mensajes sobre la función de los reguladores económicos y pugnar conjuntamente por que los temas relacionados con la gobernanza se consideren relevantes. El foro no minimizaría la necesidad de un enfoque sectorial en el trabajo técnico de los reguladores y podría, según corresponda, abrirse a otros órganos públicos encargados de la competencia, la protección al usuario o del ambiente, la seguridad, etc. La presidencia del foro podría ser rotativa entre las autoridades reguladoras y podría centrarse en actividades y resultados concretos, evitando establecer un sistema burocrático de colaboración.
- ***Desarrollar*** una planificación regulatoria anual estable vinculada a un marco estratégico sólido y una visión que promueva el mandato del regulador. Este plan regulatorio deberá compartirse de manera transparente y previsible con los actores interesados para favorecer su participación inclusiva y eficaz.

Encuadro 2. Ejemplo de una planificación regulatoria transparente en la Comisión Australiana de la Competencia y del Consumidor (ACCC, por sus siglas en inglés)

La ACCC anuncia en su sitio web sus políticas y prioridades de cumplimiento y aplicación, que incluyen prioridades para el año calendario, así como prioridades permanentes para formas de conducta consideradas tan perjudiciales para el bienestar del consumidor y los procesos competitivos que la ACCC siempre las tiene como prioridad. La declaración normativa incluye detalles acerca de los principios y enfoques en que se basa la política, la estrategia de cumplimiento los factores prioritarios, las actividades de cumplimiento, y los estudios de mercado. Asimismo, se incluye una sección para la coordinación con otros organismos del Estado.

Fuente: ACCC, 2018[2].

Coordinación institucional

El OSIPTEL trabaja siguiendo las políticas del sector fijadas por el Ejecutivo y publica periódicamente opiniones técnicas en respuesta a las consultas del Ministerio de Transportes y Comunicaciones (MTC), pero sus opiniones no son vinculantes. Las políticas para el sector telecomunicaciones las fija el Ministerio de Transportes y Comunicaciones (MTC) de conformidad con el artículo 75 de la Ley de Telecomunicaciones, aprobada por el Decreto Supremo No. 013-93-TCC (1993). En términos generales, la comunicación entre el regulador y el Ministerio competente es constructiva y fluida, y por ley el MTC puede pedir apoyo técnico del regulador. El OSIPTEL lo hace de manera habitual e informal antes de las consultas abiertas, apoyándose en la gran capacidad y especialización técnicas del regulador. Ambas instituciones ofrecen comentarios a las consultas abiertas del otro. Sin embargo, las opiniones técnicas del OSIPTEL sobre las consultas del Ministerio no tienen carácter vinculante y, en algunos casos, el Ministerio ha actuado en contra de las recomendaciones del regulador.

Diversas entidades públicas peruanas intervienen en el sector de telecomunicaciones, pero no hay mecanismos de coordinación formales y estructurados, lo que menoscaba una visión armonizada y estable para el sector (véase cuadro 2). Varias entidades del Poder Ejecutivo y Legislativo de Perú pueden poner en marcha actividades que afectarán los deberes y las funciones del regulador y abarcan, por ejemplo, desde la política de seguridad nacional del Ministerio del Interior o la política nacional de datos del Ministerio de Justicia, hasta las legislaciones aprobadas por el Congreso que requerirán que el regulador apruebe la legislación secundaria correspondiente. No hay mecanismos de coordinación estructurados que agrupen a estas entidades para compartir y adaptar los planes y actividades en el sector telecomunicaciones. Por una parte, esto contribuye a percibir la ausencia de una política y visión uniformes para el sector, y por otra, a crear cargas excesivas sobre las entidades reguladas. También debilita la claridad de las funciones entre las diferentes entidades. En un contexto de inestabilidad e imprevisibilidad esto puede llevar a una asignación de recursos ineficiente e ineficaz cuando los esfuerzos se concentran en actividades reactivas a corto plazo, en lugar de implementar una visión y objetivos deliberados de mediano a largo plazo.

Cuadro 2. Órganos públicos peruanos que intervienen en el sector o el regulador de telecomunicaciones

Institución	Función	Interacciones con el OSIPTEL
Congreso	Poder Legislativo unicameral que consta de 130 miembros.	Tiene la facultad de pedir al OSIPTEL que haga comentarios sobre asuntos o proyectos de leyes, ya sea en el pleno o en dos comisiones permanentes: la Comisión de Transportes y Comunicaciones y la Comisión de Defensa del Consumidor y Organismos Reguladores de los Servicios Públicos (CODECO).
Presidencia del Consejo de Ministros (PCM)	Coordinar las políticas nacionales y sectoriales dentro del Poder Ejecutivo.	Supervisa y brinda orientación sobre procesos administrativos generales, la función clave en la nominación y nombramiento de los miembros del Consejo, la gestión de asignaciones de presupuesto y de gastos.
Ministerio de Economía y Finanzas (MEF)	Formular políticas económicas y financieras para Perú, incluyendo la coordinación del sistema de presupuestos según el desempeño.	El OSIPTEL debe informar acerca de los indicadores relativos al plan operativo anual (Plan Operativo Institucional, POI) a través del sistema de presupuestos según el desempeño.
Ministerio de Transportes y Comunicaciones (MTC)	Definir y crear políticas para los sistemas de transporte de Perú y el sector telecomunicaciones.	El MTC estableció una política general del sector, además de cumplir algunas funciones reguladoras y de supervisión, y vigila diversos proyectos, como el Fondo de Inversión en Telecomunicaciones (FITEL). Puede pedir al OSIPTEL que haga comentarios sobre temas o proyectos de leyes y regulaciones.
Fondo de Inversión en Telecomunicaciones (FITEL)	Subsidiar la instalación, operación y uso de servicios de telecomunicaciones públicas en áreas rurales; se financia con contribuciones impuestas a operadores de servicios y *carriers*, así como con las multas cobradas en las supervisiones.	El OSIPTEL participa en análisis no vinculantes relativos a las inversiones y supervisa los contratos.

Institución	Función	Interacciones con el OSIPTEL
Proinversión	Organismo técnico especializado adscrito al MEF, encargado de promover las inversiones nacionales a través de alianzas público-privadas (PPP) en servicios, infraestructura, activos y otros proyectos estatales.	Puede recibir comentarios no vinculantes del OSIPTEL al desarrollar proyectos de inversión.
Indecopi	Organismo independiente orientado a proteger la competencia y al consumidor.	Tiene autoridad para emitir decisiones vinculantes e imponer sanciones a los reguladores, o las decisiones tomadas por el OSIPTEL, así como conducir estudios *ex post* de las regulaciones dictadas por el OSIPTEL y bajo competencia del Indecopi.
Ministerio del Interior	Vigilar temas relacionados con la seguridad nacional, incluyendo la defensa civil.	Las nuevas leyes de seguridad nacional otorgaron en fecha reciente al Ministerio los requisitos y la autoridad para promover la red nacional y transfronteriza, y la seguridad en telecomunicaciones.
Ministerio de Justicia	Vigilar los asuntos judiciales en Perú.	Vigila la función de los tribunales, incluyendo el proceso de apelación y revisión judicial a través del cual se impugnan las acciones del OSIPTEL. Propone un procurador general para todas las instituciones públicas.

Fuente: Elaborado por la OCDE con base en la información recabada durante el estudio, 2018.

Además de la función que cumple el Ministerio, el OSIPTEL respalda la meta de la política de alto nivel que consiste en cerrar la brecha entre lo urbano y lo rural a través de su trabajo con el Fondo de Inversión en Telecomunicaciones (FITEL). Los recursos del fondo provienen del 1% de los ingresos brutos de los operadores de servicios, así como de las multas recaudadas por concepto de incumplimientos o contravenciones (en 2017, su presupuesto de inversión fue de 120 millones de dólares). Financia la instalación, operación y uso de servicios de comunicaciones públicas en zonas rurales para lograr el acceso universal. Inicialmente, el OSIPTEL administró el fondo; en 2006 fue transferido al Ministerio de Transportes y Comunicaciones (MTC). El Consejo del FITEL lo preside el ministro de Transportes y Comunicaciones y lo integran el ministro de Economía y Finanzas y el presidente del Consejo del OSIPTEL. Los proyectos se despliegan mediante alianzas público-privadas (PPP, por sus siglas en inglés) o en el marco de Proyectos en Activos. Para los proyectos implementados conforme a este último programa, el OSIPTEL no puede emitir opiniones vinculantes sobre asuntos que se cruzan con sus competencias, es decir, contratos de concesiones, tarifas, calidad del servicio, instalaciones esenciales y competencia. Más aún, para los proyectos de telecomunicaciones implementados conforme a este programa, la supervisión de la calidad de los servicios está a cargo del FITEL, que corre el riesgo de duplicar esfuerzos con el OSIPTEL, el mismo que supervisa la calidad del servicio en todas las áreas del sector de telecomunicaciones. Al OSIPTEL también se le encomienda la creación de regulaciones *ad hoc* de acuerdo con proyectos específicos.

Recomendaciones:

- ***Promover*** activamente la creación e implementación de más mecanismos de coordinación estructurados regulares, en los que las entidades peruanas cuyas responsabilidades y actividades tienen impacto en el sector telecomunicaciones participarían para compartir información, con el fin de establecer una relación "sin sorpresas" entre todos los actores interesados. Dicho mecanismo propiciaría una mayor claridad de las funciones y permitiría que el regulador y sus aliados hicieran un sólido planeamiento anticipado. Esta interacción de alto nivel entre la alta dirección del regulador y otras autoridades del Estado, incluido el Congreso, no deberá sustituir la colaboración más técnica entre los diferentes equipos de la administración pública.

- ***Emplear*** la reputación que tiene como organismo técnico sólido e independiente para compartir de manera proactiva un punto de vista estratégico sobre el sector, comunicar al MTC los comentarios de asesoramiento en torno a la dirección del sector, publicar las observaciones presentadas a consultas hechas por otros órganos públicos y establecer mecanismos de coordinación con los actores interesados (es decir, el órgano consultivo) para compartir datos y análisis sobre el desempeño del sector y lo que significa para su futuro desarrollo.
- ***Analizar*** con el MTC si la gobernanza e implementación del FITEL se corresponde con la visión estratégica general para el sector telecomunicaciones. Esto incluye la optimización de la función del OSIPTEL y la cooperación entre el regulador y el MTC en cada etapa de los proyectos del FITEL para garantizar que no haya distorsiones del mercado ni cargas administrativas innecesarias y minimizar la superposición de funciones.

Funciones

Las funciones del regulador han aumentado significativamente con el paso de los años, debido a la evolución del sector, mientras que el Ministerio retiene algunas funciones centrales relacionadas con la regulación económica del sector. El OSIPTEL estima que desde 2013, se le han otorgado 14 nuevas funciones a través de textos legislativos emitidos por el Poder Legislativo o el Ejecutivo sin recibir recursos adicionales para su implementación. En 2017, el OSIPTEL gastó 5.5 millones de PEN de su presupuesto en estas nuevas funciones. Debido al dinamismo del sector, es probable que la tendencia continúe, ya que la gama de servicios de comunicaciones electrónicas y los medios para prestarlos siguen en aumento. Más aún, el MTC conserva las funciones clave vinculadas al desarrollo y a la competencia del sector de telecomunicaciones, que incluyen la concesión de licencias de nuevos operadores, las decisiones sobre la separación estructural y la asignación del espectro (respecto a esta última, Proinversión realiza el diseño y manejo). Algunas de estas funciones podrían ser mejor abordadas por un regulador independiente y técnico para garantizar la toma de decisiones independiente basada en la evaluación técnica. En algunos casos, el MTC también ha presentado instrucciones sobre las tarifas y asuntos de interconexión que están dentro de las funciones del OSIPTEL. Si bien este puede presentar y publicar sus opiniones sobre las decisiones del MTC en estas áreas, sus opiniones no son vinculantes y el MTC puede pasarlas por alto para la decisión final. Por ejemplo, en el caso de las decisiones del MTC respecto a las fusiones con la transferencia del espectro, desde 2015 el OSIPTEL ha emitido opiniones que discrepan con la transferencia en los siete casos. Solo a uno no le aprobó la transferencia el MTC; en todos los demás, se hizo caso omiso de la opinión del regulador en la decisión final (cuadro 2.6.).

El mayor interés del OSIPTEL en la promoción de la satisfacción del usuario, además de garantizar la protección del consumidor, afecta los recursos del OSIPTEL y despierta inquietudes sobre el equilibrio de sus funciones. La protección del cliente es uno de los principales objetivos y funciones del regulador desde su creación. En los últimos años, un mayor interés del regulador en la protección y satisfacción del usuario ha sido visible en gran medida en la función del OSIPTEL como órgano de apelaciones en segunda instancia administrativa para los reclamos de los consumidores a través del Tribunal Administrativo de Solución de Reclamos de Usuarios (TRASU). Este órgano procesa los reclamos que no han prosperado ni fueron resueltos con el operador. Los reclamos de usuarios han crecido exponencialmente desde 2015 (68% en 2015-16 y 71% en 2016-17, véase cuadro 3), sin duda en parte para diferir el pago de una cuenta al presentar un reclamo. Como resultado de la presión sobre los recursos del OSIPTEL, el tiempo de atención a los reclamos de segunda instancia aumentó de 8-10 días en 2015 a 120 días en 2017. El número de reclamos empezó a disminuir en 2018 después de un ajuste de la regulación correspondiente por el OSIPTEL, y será necesario seguir con el monitoreo (cuadro 3). Finalmente, el enfoque de la satisfacción de los usuarios y los recursos del regulador, en general, tal vez no se corresponda con la estructura del mercado que vigila. Esta función y objetivo pueden ser más adecuados en el caso de los monopolios y no ser válidos ya en un mercado competitivo.

Cuadro 3. Evolución de los reclamos de clientes

	2015	2016	2017	2018*
Reclamos de primera instancia	1 273 780	2 133 958	3 647 026	1 636 258
Segunda instancia en promedio* (TRASU)	31 226	59 047	159 371	14 643

Notas: El OSIPTEL informa que, en promedio, 3.5% de los reclamos en primera instancia administrativa pasan a apelaciones en segunda instancia con el TRASU. Las estadísticas de 2018 llegan hasta junio de ese año.
Fuente: Información proporcionada por el OSIPTEL, 2018.

Las oficinas desconcentradas del OSIPTEL se encargan de interactuar diariamente con los gobiernos subnacionales y el público. La tarea de las 23 oficinas regionales y los 8 centros en el país es manejar los asuntos locales, medir la calidad del servicio, promover los derechos de los usuarios y dar capacitación a las empresas locales. Los centros comparten instalaciones con otros organismos públicos desconcentrados. Las oficinas regionales son supervisadas por la Gerencia de Oficinas Desconcentradas (GOD), la Gerencia de Supervisión y Fiscalización (GSF) y la Gerencia de Protección y Servicio al Usuario (GPSU) del OSIPTEL. Las oficinas regionales interactúan directamente con los gobiernos locales en la solución de problemas y se coordinan con otras oficinas locales pertinentes. Por ejemplo, se coordina con Osinergmin respecto a los cortes de energía que afectan al servicio de telecomunicaciones. Además de la promoción de los derechos de los usuarios, el personal de las oficinas regionales tiene trato directo con ellos, sobre todo en cuanto a la solución de reclamos.

Encuadro 3. Funciones y facultades del Instituto Federal de Telecomunicaciones (IFT) de México

El IFT es el regulador económico y la autoridad de competencia para los sectores de telecomunicaciones y radiodifusión en México. El IFT tiene las siguientes facultades:

- Expedir y revocar licencias, así como autorizar asignaciones o cambios en el control accionario, la propiedad u operación de empresas relacionadas con las concesiones en asuntos de radiodifusión y telecomunicaciones. El IFT fija el monto de la compensación para otorgar las concesiones.
- Imponer medidas asimétricas a los actores dominantes o preponderantes en los sectores de telecomunicaciones y radiodifusión, incluyendo la posibilidad de una separación funcional, estructural o contable cuando sea necesario, con objeto de evitar efectos anticompetitivos.

- Expedir licencias para el uso comercial o privado del espectro (para servicios de radiodifusión y telecomunicaciones), otorgadas solo a través de licitaciones públicas manejadas por el IFT. El Instituto publica los procedimientos de la respectiva convocatoria pública para la licitación en su sitio web y en el *Diario Oficial de la Federación*.

Fuente: Información proporcionada por el IFT, 2018.

Recomendaciones:

- ***Reevaluar*** si las funciones y facultades del regulador son acordes a sus roles y objetivos, mediante una evaluación comparativa internacional y tomando en cuenta la evolución del sector. Este ejercicio deberá examinar la división de responsabilidades y funciones entre el regulador, el MTC e Indecopi. El objetivo de este ejercicio deberá ser garantizar una función más moderna del regulador para así ajustarse a las necesidades organizacionales del mercado y de la sociedad para regular con eficacia el sector de telecomunicaciones. Debido a su nivel de especialización, debería considerarse una función más autorizada del regulador respecto a decisiones que toman otras entidades públicas en al sector regulado. Por el dinamismo del sector, será necesario revisar periódicamente esta evaluación.
- ***Continuar*** monitoreando la tendencia de los reclamos de los usuarios y evaluar si en la regulación aplicable sigue habiendo lagunas que facilitan que los usuarios presenten reclamos para diferir el pago de la facturación de un servicio. Esta evaluación podría emplear perspectivas conductuales para analizar por qué los reclamos aumentan y cómo podría resolverse el problema, con base en el conocimiento de la conducta real de usuarios y operadores.
- ***Revisar*** los enfoques, funciones y recursos del regulador dedicados a proteger a los usuarios. Esta revisión deberá garantizar que haya procedimientos adecuados y proporcionales para llevar a cabo esta función. Esto puede incluir analizar si el regulador se está excediendo en su rol comprometiendo recursos para garantizar y monitorear la satisfacción de los usuarios y si una atribución más proporcional de los recursos podría lograrse mediante la puesta en marcha de mecanismos estructurados de interacción "online" con los usuarios.
- ***Evaluar*** el resultado de eficiencia de los dos modelos de presencia descentralizada (oficinas regionales y centros) y analizar si los convenios para compartir gastos podrían extenderse a las oficinas. El acercamiento a los usuarios fuera de la región de Lima también deberá basarse cada vez más en herramientas y mecanismos digitales y en línea.

Planeamiento estratégico

El regulador establece sus objetivos estratégicos en planes estratégicos a cinco años (Plan Estratégico Institucional, PEI) que se centran históricamente en la competencia, protección a usuarios y desempeño organizacional. Estas prioridades se resumen en la declaración de la misión del regulador: *promover la competencia, la calidad de los servicios de telecomunicaciones y el empoderamiento de los usuarios de manera continua, eficiente y oportuna.* El PEI se hace operativo mediante un plan de trabajo anual (Plan Operacional Institucional, POI). El actual PEI 2018-2022 se estructura en siete objetivos estratégicos institucionales (OEI) en dos categorías: cuatro objetivos esenciales, referentes a las funciones de competencia y protección a los clientes, y tres de apoyo que se relacionan con identidad corporativa y desempeño organizacional (cuadro 6). Esta es una evolución del período previo que solo contaba con tres objetivos (competencia, protección de los usuarios, desempeño institucional), uno para cada área, y al parecer hace más énfasis en la protección y satisfacción de los clientes en comparación con el funcionamiento del mercado (tres versus un objetivo esencial). El plan actual se desarrolló en un periodo de seis meses.

Recomendación:

- ***Aprovechar*** la metodología del OSIPTEL que define su marco estratégico y sus indicadores de desempeño y compartirla con otras entidades públicas en Perú, mientras se trabaja en optimizar los indicadores y reducir la carga del monitoreo y la solicitud de informes (véase la sección de Rendimiento y resultados).

Comunicaciones

El OSIPTEL tiene una estrategia de comunicaciones activa que si bien es positiva en cuanto a la reputación del regulador, necesita diferenciarse de los canales formales de participación los actores interesados. Los reguladores económicos de Perú han tenido perfiles públicos visibles desde su creación. El OSIPTEL cuenta con un plan estratégico de comunicaciones con actividades diferenciadas para diversos grupos objetivo (p. ej., un boletín dirigido a la industria y al Congreso, un blog para especialistas y académicos, el seguimiento personalizado para los miembros del Congreso). En 2016, el regulador invirtió en una mayor visibilidad en los medios, lo que dio por resultado que se duplicaran las apariciones públicas del OSIPTEL de 2015 a 2016 (de 2 831 a 3 626). El OSIPTEL también está muy activo en medios sociales con más de 84 000 seguidores en twitter, 7 000 en LinkedIn y 170 000 en Facebook. Cuando se une a más acciones directas desarrolladas por el OSIPTEL directamente en los municipios a favor de interactuar con los usuarios e informarlos, el uso de las redes sociales puede contribuir de manera significativa a la meta estratégica del regulador de empoderar e informar a los consumidores. Será preciso tener cuidado de no sustituir los canales formales para la participación de los actores interesados, como los consejos consultivos o de usuarios, por el intercambio de ideas y opiniones en las redes sociales. Cuando se usan las redes sociales para aumentar los canales formales, es importante que al público le quede clara la manera y la razón por la que sus comentarios se toman en cuenta en vez de enfrascarse en intercambios carentes de estructura sobre la política. Hay diversas experiencias y aplicaciones que apoyan el uso de redes sociales para la participación estructurada de los actores interesados.

Encuadro 4. El uso de las redes sociales para promover la participación de actores interesados.

En Escocia, las tarifas de los servicios de agua y manejo de aguas residuales son revisadas y establecidas cada seis años en un proceso denominado Revisión Estratégica de Tarifas (*Strategic Review of Charges*) que incluye una extensiva consulta a los actores interesados. El propósito de esta revisión es asegurar que *Scottish Water,* una empresa de propiedad pública, esté adecuadamente financiada para cumplir con los objetivos trazados por los ministros escoceses para el sector hídrico. Para la revisión 2021-27, la Comisión de Industria del Agua de Escocia (*Water Industry Commission for Scotland-WICS*), el regulador del agua de Escocia, está conduciendo el proceso de un modo innovador, alejándose del enfoque tradicional "padre e hijo" de la relación entre el regulador y *Scottish*

Water. WICS está aprovechando el resultado exitoso del proceso de revisión previo (2015-21) en el cual *Scottish Water* trabajó con el Foro de Consumidores (*Consumer Forum*), como organismo que actúa como canalizador de las percepciones de los usuarios, así como con otros actores interesados. Esto para alcanzar acuerdos que reflejen las percepciones de los usuarios y actores interesados, permitiendo así al operador asumir plenamente su estrategia y las relaciones con sus clientes.

Como parte de este enfoque innovador, los participantes trabajaron con investigaciones conductuales, lo que incluye el trabajo con Apptivism (una *start-up* de propósito social que se enfoca en mejorar la participación ciudadana mediante interfaces *online*) para co-diseñar un *Facebook Messenger chatbot* considerando aspectos conductuales. Llamado *"ChatScotland"*, el *chatbot* solicitó las percepciones del público respecto a aspectos relacionados con agua, como una manera de apoyar el diálogo sostenido mediante métodos tradicionales de participación. *"ChatScotland"* recibió respuestas de 523 usuarios durante los 20 días del programa piloto, las mismas que proveyeron retroalimentación de sus percepciones, comportamientos, conocimientos y opiniones respecto a temas sobre agua. Si bien el piloto no fue escogido para ser usado en las etapas posteriores de la revisión, la información obtenida brindó lecciones valiosas para aprovechar las redes sociales para implementar mecanismos de participación de los actores interesados.

Fuente: (Water Industry Commission for Scotland, 2017[3]); (Customer Forum,(n.d.)[4]); (Apptivism, 2018[5]).

Recomendación:

Desarrollar un enfoque holístico que concilie y clarifique la labor de comunicaciones y los mecanismos de participación oficiales, para así ampliar el alcance del OSIPTEL mientras se aclara, separa y da coherencia a las vías adecuadas para proporcionar información, atender reclamos y quejas, interactuar con los actores interesados y conducir consultas. Este enfoque también deberá tomar en cuenta el uso estructurado de las redes sociales como medio adicional para la participación de los actores interesados.

Insumos

Recursos financieros y gestión

El financiamiento del OSIPTEL procede completamente de los recursos recibidos del sector regulado, pero su presupuesto está limitado en la práctica por las normas del gobierno central. La LMOR establece que el presupuesto operativo del OSIPTEL se financiará con los ingresos derivados de la industria regulada hasta en 1% de los ingresos de los operadores después de impuestos (aporte por regulación). En la práctica, la PCM limitó esa suma a 0.5% desde 2002, según el Decreto Supremo No. 012-2002-PCM. Entre 2015 y 2018 este monto bajó 19% en términos reales porque los ingresos de la industria disminuyeron. Esta tendencia ha llevado al regulador a considerar que sus actividades no reciben suficientes fondos y que sus recursos apenas alcanzan para realizar sus actividades regulares. Esta sensación se exacerba cuando se agregan nuevas funciones al portafolio del OSIPTEL en consonancia con las evoluciones del sector o los nuevos textos legislativos (p. ej., la regulación de la Red Dorsal Nacional de Fibra Óptica). El cuadro 4 muestra la ejecución del presupuesto del OSIPTEL para el periodo 2014-17, e indica que por lo general es alta y que fondos trasladados de un ejercicio al siguiente, en dos ocasiones (2014 y 2017), han aportado financiamiento para gastos superiores al presupuesto inicial correspondiente a la tasa de 0.5% sobre los ingresos de la industria.

Cuadro 4. Presupuesto y ejecución anual del OSIPTEL, 2014-18 (millones de PEN)

Año	2014	2015	2016	2017
Presupuesto inicial	79	96	82	81
Fondos complementarios	24	8	12	12
Presupuesto institucional modificado (PIM)	103	104	94	93
Ejecución del presupuesto inicial (%)	120	85	94	107
Ejecución del presupuesto institucional modificado(%)	92	79	82	93

Notas: El presupuesto inicial recibe fondos de las contribuciones regulatorias gravadas a las entidades reguladas. Los fondos complementarios los aprueba el MEF y se agregan a partir de las reservas del regulador hasta llegar al Presupuesto Institucional Modificado (PIM).
Fuente: Información proporcionada por el OSIPTEL, 2018.

Una prueba más contundente de un presupuesto basado en la recuperación de costos de las actividades reguladoras reforzaría el argumento del regulador para obtener más recursos. Como regulador autónomo, el OSIPTEL envía su propuesta de presupuesto directamente al Ministerio de Economía y Finanzas (MEF) para que la tomen en cuenta en el presupuesto nacional. La administración nacional peruana implementa un sistema presupuestal basado en el desempeño, por lo que los presupuestos deben ser acordes con las metas y objetivos de la institución y su ejecución vigilada junto con el progreso en los indicadores de desempeño. Si bien el presupuesto del OSIPTEL se prepara con aportes de las gerencias internas y los compila la Gerencia de Planeamiento y Presupuesto (GPP), el monto total se fija de acuerdo con los recursos disponibles en vez de ser una estimación de los costos relacionados con la regulación y la supervisión del sector.

El OSIPTEL, por lo general, es independiente al gestionar su presupuesto directamente con el MEF, aunque esto se ve limitado por un cambio reciente en el uso de fondos trasladados al periodo siguiente. Históricamente, el OSIPTEL ha podido trasladar los fondos no gastados (saldos de balance), lo que le daba flexibilidad para manejar problemas que surgían y las fluctuaciones. La Ley de Equilibrio Financiero de 2017, renovada para 2018, exigió a los organismos públicos transferir los fondos que no se hubieran gastado al Tesoro Público, incluidos los provenientes de recursos recaudados directamente (es decir, multas o contribuciones), que antes estaban exentos de esta norma. Si bien la ejecución del presupuesto del OSIPTEL ha sido generalmente alta, esta nueva práctica limita la autonomía del regulador en la gestión de sus recursos y dirige los ingresos de las entidades reguladas al financiamiento de actividades gubernamentales generales en vez de hacerlo a las del regulador del sector.

Recomendaciones:

- ***Buscar*** claridad sobre las restricciones de la administración pública central que afectan el modelo de financiamiento y la gestión financiera del regulador, para diferenciar mejor las que están relacionadas con el contexto actual de aquellas relativas a políticas macroeconómicas.
- ***Establecer*** una práctica en la que el porcentaje del aporte por regulación se revise cada tres años (u otra periodicidad regular y razonable) con base en principios de recuperación de costos de financiamiento de los reguladores económicos. Los fondos no gastados podrían incluirse en el cálculo del porcentaje del aporte por regulación para los siguientes períodos para reducir la carga a la industria. La revisión también podría incluir la evaluación comparativa del nivel adecuado del porcentaje comparado con otros reguladores.

- ***Participar*** en un debate sistemático, con los actores interesados pertinentes, de las necesidades adicionales de recursos generadas por las nuevas funciones o tareas asignadas al regulador. Debido al dinamismo del sector, es probable que éstas sigan creciendo y evolucionando en los próximos años. Compartir con transparencia el análisis del uso agregado de los recursos será una buena práctica.
- ***Promover*** junto con otros reguladores económicos, y con base en el principio de usar ingresos derivados de la industria para recuperar los costos de las actividades reguladoras, una revisión de la ley que ordena trasladar fondos no ejecutados al Tesoro Público en lo que se refiere al presupuesto de los reguladores.

Encuadro 5. Modelos de financiamiento basados en la recuperación de costos en Irlanda y Canadá

Comisión Reguladora de Servicios Públicos de Irlanda (CRU, por sus siglas en inglés)

El financiamiento de la CRU se hace completamente a través de gravámenes y derechos por licencias erogados por los participantes principales en materia de electricidad, gas, seguridad petrolera y la industria del agua. Los gravámenes pagados por los actores del mercado abarcan el grueso de los ingresos de la CRU. Esta fija su propio presupuesto sin requerir la participación del gobierno, y lo define cada año con base en la recuperación de costos del cuarto trimestre, apoyada en un estimado del presupuesto de capital y operativo de la CRU necesario para el siguiente año. El gobierno no hace una contribución directa al presupuesto de la CRU y el presupuesto anual del regulador lo aprueba la Comisión sin la conformidad o evaluación ex ante del Oireachtas (Parlamento irlandés).

Los presupuestos anuales para electricidad, gas, petróleo y agua son asignados por la CRU a cada sector. Los ingresos recibidos, gastos y desembolsos de capital directamente realizados por cada sector se registran en los presupuestos independientes de los sectores de electricidad, gas, petróleo y agua. Los gastos compartidos se asignan a cada sector en proporción a las cifras de personal que participa en el sector pertinente. Los costos vinculados a las funciones administrativas compartidas, como finanzas, recursos humanos, TI y comunicaciones son comunes para todos los sectores.

Cuando los egresos anuales superan a los ingresos, el balance se compensa con el producto de los impuestos para el año subsecuente. Los saldos para el sector eléctrico, del gas, el petróleo y el agua se asientan en sus respectivas cuentas y son objeto de una auditoría anual realizada por la Contraloría y Auditoría General, la cual le reporta al Comité de Cuentas Públicas del Oireachtas. La CRU también conduce una auditoría interna anual (que se subcontrata con una empresa de auditores).

Más aún, con base en la evaluación del riesgo, anualmente se define un fondo de contingencia para permitir flexibilidad al enfrentar posibles desafíos jurídicos o costos vinculados a casos o eventos de seguridad. Cualquier ingreso excedente en el año financiero se toma en cuenta para determinar la recaudación para el año subsecuente por sector. La CRU puede trasladar los fondos no empleados al presupuesto del año siguiente sin la revisión o aprobación de entidades gubernamentales externas.

Junta Nacional de Energía de Canadá (NEB, por sus siglas en inglés)

Conforme al programa regulatorio, el mecanismo de recuperación de costos del NEB de Canadá se basa en los cargos por los bienes vendidos que se asignan a entidades específicas dentro de esos sectores (petróleo-oleoductos, gas-gasoductos, etc.). Las empresas pagan su parte de costos recuperables al Fondo de Rentas Consolidadas de Canadá, a través de gravámenes a nuevos proyectos (*greenfield*), gravámenes fijos (pequeñas y medianas empresas y otras materias primas) o gravámenes proporcionales (empresas grandes). La asignación de costos a las categorías de materias primas se basa en el tiempo dedicado a cada uno.

El NEB también tiene un comité consultivo, integrado por personal del regulador y los representantes de las empresas reguladas, que revisa los gastos planeados y analiza los rubros de recuperación de costos. El NEB no recibe este financiamiento directamente de las empresas; en cambio, recibe sus asignaciones a través del Parlamento en forma anual.

Fuente: OECD, 2018[6]; OECD, 2016[7].

Recursos humanos y su gestión

Al personal del OSIPTEL se le reconoce un elevado nivel técnico y gran capacidad, pero no posee un marco de reclutamiento uniforme, lo que limita la rendición de cuentas. El OSIPTEL emplea a 400 profesionales que, en su mayoría, son contratados a través de procedimientos abiertos y transparentes basados en un modelo de reclutamiento de habilidades, en virtud del cual el gerente de contratación hace una recomendación al gerente general que decide el nombramiento. El OSIPTEL también cuenta con seis altos directivos que son nombrados según la modalidad de "puestos de confianza" (gerente general, gerente de Administración y Finanzas, Comunicaciones Corporativas, asesor jurídico, asesor del presidente y de la secretaría del Consejo). La contratación y destitución de quienes ocupan estos puestos se hacen a criterio del presidente del Consejo sin un proceso competitivo; él nombra directamente a las personas para los restantes puestos de alta dirección después de un proceso de reclutamiento competitivo; sus contratos son de duración indefinida. El puesto de gerente de Recursos Humanos está en proceso de creación para aumentar y mejorar las políticas y prácticas de la gestión de los recursos humanos.

Los contratos, sueldos y otros beneficios del personal del OSIPTEL se rigen conforme a dos sistemas diferentes que menoscaban la motivación del personal y las prácticas de Recursos Humanos. Los servidores públicos peruanos están regulados en la actualidad con uno de tres regímenes laborales, dos de los cuales los usan las autoridades reguladoras: un régimen de actividad privado que les otorga contratos de duración indefinida y prestaciones, como los servicios de salud (Decreto Legislativo 728); y un régimen de Contratación Administrativa de Servicios (CAS), especial, de contratación temporal con contratos de seis meses renovables y algunas prestaciones laborales (Decreto Legislativo 1057). Este último está destinado a ser de contratación temporal, pero su uso ha crecido más allá de la característica temporal prevista, luego de que se congeló el reclutamiento conforme al Decreto Legislativo 728, en virtud del cual solo se puede contratar nuevo personal en remplazo de un miembro del personal que se marcha. Desde 2018, el OSIPTEL cuenta con 280 empleados según el Decreto Legislativo 728 y 200 según el Decreto Legislativo 1057 o CAS. Los dos marcos paralelos pueden resultar problemáticos para la rendición de cuentas (contratación) y los incentivos al personal (remuneración, prestaciones). SERVIR creó un nuevo régimen laboral en 2013 como un proyecto para toda la administración pública que busca tener un régimen de empleo unificado, incluido el personal de los reguladores económicos, pero no está claro cuándo entrará en vigor el régimen SERVIR entre las autoridades reguladoras de Perú.

Al igual que muchos reguladores en el mundo, el OSIPTEL tiene dificultades para atraer y retener personal, debido a restricciones de los marcos laborales públicos, pero ha implementado diversas iniciativas exitosas para hacer del OSIPTEL un lugar deseable para trabajar. Por lo general, los sueldos ofrecidos son un poco más altos que los de las entidades del gobierno central, pero muy inferiores a los del sector privado. Para contrarrestar este reto, la autoridad desarrolló un sistema de retención de talentos que es fundamental para su identidad institucional como empleador. El plan incluye un generoso seguro de gastos médicos para el empleado y sus dependientes, así como programas de capacitación. Sin embargo, el primero solo es para el personal contratado conforme al Decreto Legislativo 728. El OSIPTEL también implementa un sólido sistema de evaluación del desempeño, que desde 2018 vincula los objetivos del personal al PEI, e incluye evaluaciones de 360 grados que el personal hace de los gerentes. Gracias a estos esfuerzos, el OSIPTEL fue clasificado en 2015 como un gran lugar para trabajar y ostenta una tasa de rotación de solo 9.13% comparada con 18% de toda la administración nacional peruana (cifras de 2017). La autoridad también ganó el Premio Abe 2017 por buenas prácticas laborales en la categoría de mejor programa de flexibilidad laboral.

Recomendaciones:

- ***Tratar*** de implementar un marco de recursos humanos respecto a la diversidad, el reclutamiento, la remuneración y los incentivos que tenga en cuenta las necesidades especiales de los reguladores económicos para atraer talento técnico innovador y especializado, en tanto compitan con el sector privado por los recursos humanos disponibles.
- ***Nivelar*** las condiciones para el personal al promover la implementación de un sistema laboral unificado con beneficios y condiciones similares para respaldar los esfuerzos para atraer y reclutar personal.
- ***Compartir*** buenas prácticas y resultados respecto a la retención de talento y bienestar del personal con otras entidades de la administración pública peruana, incluyendo a las autoridades reguladoras.
- ***Considerar*** la posibilidad de implementar requisitos y reclutamientos transparentes y abiertos para todos los puestos de trabajo de OSIPTEL, a fin de aprovechar lo más posible el amplio grupo de talentos, diversificar los equipos y promover la innovación al incorporar personas con diferentes experiencias y perspectivas. Cuando menos para los altos puestos, esto podría incluir perfiles vinculantes con requisitos específicos en función de grados, nivel de experiencia y otras características, como las habilidades lingüísticas.

Proceso

Toma de decisiones

En el OSIPTEL, la toma de decisiones la encabeza el Consejo Directivo, que posee un amplio mandato y participa en muy diversas decisiones ejecutivas, pero parece tener poca participación estratégica. El Consejo se encarga de la administración y supervisión de contratos y establece un claro mandato para la organización. El Consejo ejerce funciones tanto normativas como reguladoras por medio de resoluciones y emite opiniones técnicas sobre los contratos de concesión. El Consejo también designa y remueve miembros de los órganos de apelación interna (es decir, el TRASU) que manejan las impugnaciones presentadas al OSIPTEL, además de actuar como órgano de apelación para las empresas que reciben sanciones impuestas por la Gerencia de Supervisión y Fiscalización. Esta última función se complica por la falta de lineamientos para que los miembros del Consejo dictaminen sobre los casos, lo que, con el tiempo, puede conducir a variaciones en las decisiones. Debido a lo limitado de los recursos, el Consejo parece concentrarse principalmente en la toma de decisiones ejecutivas y no en dar una dirección estratégica al OSIPTEL.

En su configuración actual, el Consejo parece trabajar según un modelo híbrido en el que sus funciones y recursos no están en consonancia. El presidente del Consejo tiene un puesto ejecutivo de tiempo completo en la autoridad reguladora, mientras que los otros miembros solo están a tiempo parcial. Asisten a dos juntas de consejo al mes y les pagan solo por estas ocasiones, lo que limita considerablemente su capacidad para intervenir en decisiones técnicas y estratégicas complejas. Como se indicó antes, participan en la toma de decisiones, pero sus recursos son limitados para apoyar esta colaboración que puede reflejar mucho mejor un papel consultivo. Si bien un número limitado de asesores apoya al presidente del Consejo, parecen apoyarlo solo a él y no a los otros miembros.

Por diseño, los miembros del Consejo son nombrados en contratos escalonados para la continuidad en la toma de decisiones. En la práctica, no se hace, lo que pone en riesgo la estabilidad e independencia del regulador. El Consejo está formado por cinco miembros, uno de los cuales es su presidente. Por ley, todos los miembros están en periodos escalonados de cinco años que pueden renovarse una vez. Sin embargo, en la práctica, el mandato de tres de los cinco miembros del Consejo venció en junio del 2018. En vez de nombrarse nuevos miembros, la PCM emitió el Decreto Supremo No. 082-2018-PCM para extender su mandato por noventa días. Al momento de la presente redacción, los nuevos miembros aún no han sido nombrados y el Consejo se encuentra operando con solo dos miembros activos, incluyendo al presidente. (véase cuadro 5). Esto crea un riesgo para la continuidad y capacidad de funcionamiento del Consejo. Los miembros del Consejo se seleccionan mediante un proceso de múltiples etapas con contrapesos que incluyen la revisión de un comité de selección interinstitucional, la presentación al presidente de la República de los candidatos seleccionados por parte del presidente del Consejo de Ministros, la designación del presidente de la República por Decreto Supremo y, por último, la aprobación de la PCM, el MEF y el MTC. En los últimos 10 años no ha habido mujeres en el Consejo del OSIPTEL.

Cuadro 5. Historial de diez años de los miembros del Consejo del OSIPTEL

Miembro	Función	Profesión	Fecha inicial	Fecha final
Rafael Eduardo Muente Schwartz	Presidente	Abogado	2017	2022
Jesús Eduardo Guillén Marroquín	Miembro del Consejo	Economista	2017	2021
Manuel Ángel Cipriano Pirgo	Miembro del Consejo	Abogado	2013	2018[1]
Jesús Otto Villanueva Napurí	Miembro del Consejo	Ingeniero mecánico y eléctrico	2013	2018[2]
Víctor Jesús Revilla Calvo	Miembro del Consejo	Ingeniero civil	2015	2018[3]
Manuel Ángel Cipriano Pirgo	Miembro del Consejo	Abogado	2013	2013[6]
Gonzalo Martín Ruiz Díaz	Presidente	Economista	2012	2017[4]
Humberto Eduardo Zolezzi Chacón	Miembro del Consejo	Ingeniero eléctrico	2011	2016[5]
Carlos Daniel Durand Chahud	Miembro del Consejo	Ingeniero en sistemas	2010	2011
Víctor Jesús Revilla Calvo	Miembro del Consejo	Ingeniero civil	2010	2013[7]

Notas: 1, 2 y 3 recibieron una prórroga de 90 días de conformidad con el Decreto Supremo No. 072-2018-PCM; 4, 5, 6 y 7 permanecieron 60 días naturales después de que terminaron sus periodos, de acuerdo con las disposiciones del artículo 7 del Reglamento de la Ley Marco aprobado por el Decreto Supremo No. 042-2005-PCM.

Fuente: Información proporcionada por el OSIPTEL, 2018.

Encuadro 6. Órgano de gobierno del Instituto Federal de Telecomunicaciones (IFT) de México

La reforma de 2013 a la Constitución mexicana estableció el IFT como un organismo público autónomo, independiente, con sus propias operaciones y facultades para tomar decisiones, con personalidad jurídica y sus propios activos. La autoridad fue creada para regular el espectro, las redes, servicios, competencia y desarrollo eficaz de los sectores de radiodifusión y telecomunicaciones. También funge como autoridad en materia de competencia para estos mercados.

El órgano de gobierno es la máxima instancia de gobernanza y toma de decisiones del Instituto. Lo integran siete comisionados de tiempo completo con derecho a voto, incluido su presidente. El presidente del IFT dirige el órgano de gobierno y el instituto, y es su representante legal.

Los comisionados permanecen nueve años en su cargo. Sus mandatos son escalonados para permitir la continuidad y no son renovables. Todos los comisionados tienen un voto, participan en la toma de decisiones complejas en el sector y sus deberes no son delegables. Todos los comisionados deben asistir a las sesiones plenarias salvo que tengan una causa justificable para faltar. Sus facultades no son limitadas y están al mismo nivel.

Fuente: Información proporcionado por el IFT, 2018.

Recomendaciones:

- ***Evaluar*** si la actividad y los deberes del Consejo reflejan su mandato y estructura. Analizar la mejor forma de emplear el tiempo limitado del que disponen los miembros del Consejo para que participen en la decisión de elegir la dirección estratégica a largo plazo de la organización (incluida la identificación de prioridades y metas) y para monitorear el desempeño del regulador ante esto.
- ***Considerar*** respaldar la toma de decisiones informada del Consejo, poniendo a disposición de todos sus miembros los recursos de asesoramiento, y proponer la especialización y responsabilidad de determinadas áreas estratégicas que podrían rotarse entre los miembros. Estas áreas podrían corresponder a las técnicas o las de proyectos regulatorios específicos, en lugar de metas de alto nivel del regulador. Esto permitiría a los miembros del Consejo concentrarse en un área técnica específica e incrementar su nivel de responsabilidad y rendición de cuentas.
- ***Eliminar*** los posibles conflictos de intereses cuando se revisan los deberes y la estructura del Consejo.

Gestión y organización interna

El presidente del Consejo gestiona el OSIPTEL con el respaldo del gerente general. El gerente general es designado a voluntad junto con seis miembros de la alta dirección de la organización sin que haya reclutamiento abierto (puestos de confianza). El presidente aprueba el presupuesto institucional, los balances y los estados financieros, así como el Plan de Gestión Institucional y las políticas administrativas. El gerente general está a cargo de las responsabilidades legales, administrativas y judiciales del OSIPTEL y hace planes, organiza, gestiona, ejecuta y supervisa sus actividades administrativas, operativas, económicas y financieras. El gerente general también prepara los informes anuales preliminares, los presupuestos y toma decisiones en cuanto al reclutamiento para la alta dirección, que son aprobadas por el presidente. Al presidente lo apoyan dos asesores; el gerente general, uno. Juntos, el presidente y el gerente general, encabezan una reunión semanal con la alta dirección del OSIPTEL. Gran número de funciones de la toma de decisiones está concentrado en estos dos puestos ejecutivos.

El OSIPTEL trata de alcanzar la excelencia en materia de gestión y procesos organizacionales. Se da gran prioridad a la obtención de certificaciones internacionales para la gestión y los procesos, incluida la certificación de SGSI para ISO 27001 (sistemas de gestión de seguridad de la información) y para ISO 9001 (sistemas de gestión de la calidad) en 2015. El OSIPTEL también obtuvo, en 2015, un lugar en la lista de excelentes lugares para trabajar, el Premio Nacional a la Calidad 2016 en la categoría de sector público en reconocimiento a su modelo de gestión, y el Premio de la Asociación de Buenos Empleadores (ABE) a la Responsabilidad Social Laboral (RSL), en la categoría de Mejor Programa de Flexibilidad Laboral. Desde 2003 ha habido una práctica formal de enviar análisis preliminares sobre borradores de regulaciones para las diversas gerencias internas con el fin de recibir retroalimentación por medio de un memorándum. En 2017, el gerente general mejoró este proceso al exhortar a las gerencias que buscan retroalimentación a que agreguen acciones concretas al memorándum e incluyan un cronograma.

Recomendaciones:

- ***Revisar*** los procesos de gestión y gobernanza interna para garantizar la debida diversidad en la toma de decisiones entre el presidente del Consejo (estratégico) y el gerente general (gestión), incluidos los recursos adecuados para realizar cada función. Un modelo de gobernanza interna más extendido, con una apropiada delegación de autoridad y funciones de desafío adicionales, podría apoyar una visión más a largo plazo para el regulador, así como promover la estabilidad en la toma de decisiones.
- ***Introducir*** un mecanismo deliberado para control de calidad y verificar que sirva como función de desafío respecto a la toma de decisiones y los procesos. Hay varias opciones para estas funciones: por ejemplo, en el lado menos formal, mecanismos explícitos internos o externos de revisión por pares, o, en la parte más estructural, mediante la instalación de un órgano independiente especializado, encargado de esta función. Pueden necesitarse revisiones o estudios en varias etapas del proceso, y no solo al final, para brindar oportunidades significativas para el alcance y dirección de la tarea o los resultados.

Procesos de calidad regulatoria

El OSIPTEL ha sido pionero en implementar los análisis de calidad regulatoria, junto con otros organismos reguladores y la PCM. En respuesta al Estudio de la OCDE de 2016, *Política Regulatoria del Perú* (*OECD Regulatory Policy Review of Peru*), la PCM comenzó a desarrollar un marco para el Análisis de Calidad Regulatoria (ACR) que implementa medidas para simplificar procedimientos administrativos, lo que incluye el requerimiento de evaluar impactos, así como conducir revisiones de las regulaciones existentes y evaluaciones *ex post* de las regulaciones que agregan procedimientos administrativos. El OSIPTEL, de manera independiente y paralela, desarrolló un manual y lineamientos para aplicar Análisis de Impacto Regulatorio (AIR) a todas las decisiones regulatorias. En 2017, el OSIPTEL planteó un "compromiso de calidad regulatoria" para formalizar la meta de desarrollar el AIR y, en 2018, divulgó los lineamientos y el manual para seguir a la PCM y los requisitos internos del RIA. Si bien los lineamientos y el manual permiten análisis de múltiples tipos, proporcional al asunto en cuestión (incluido un análisis completo de la relación costo-beneficio), hasta la fecha principalmente se han completado AIR de análisis con criterios múltiples. Todos los RIA preliminares son vigilados por el consejero del presidente del Consejo, que es independiente del proceso regulatorio y lleva a cabo esta función de aseguramiento de la calidad además de sus otros deberes. El consejero tiene la facultad de bloquear y regresar para revisión los RIA deficientes antes de presentarlos al Consejo.

Aunque no es obligatorio en Perú, la interacción con los actores interesados internos y externos es práctica constante del OSIPTEL, pero solo en etapas posteriores del desarrollo de regulaciones. Los reguladores tienen que publicar nuevas leyes y reglamentos en el diario oficial El Peruano y en el sitio web institucional para recibir comentarios por lo menos durante 30 días. Los comentarios recibidos y las medidas tomadas en respuesta se asientan en una “matriz de comentarios” y se publican junto con la regulación final para efectos de transparencia. Las consultas de la primera etapa también se realizan ocasionalmente en forma puntual cuando el OSIPTEL solicita información de las entidades reguladas.

El futuro desarrollo de herramientas digitales para apoyar las actividades regulatorias del OSIPTEL podría mejorar el compromiso y la calidad del impacto. Si bien está muy activo en redes sociales, el OSIPTEL utiliza estos recursos principalmente como instrumento para compartir información y ayudar a los consumidores a tomar mejores decisiones. En la actualidad desarrolla una aplicación móvil para informar a los usuarios sobre la interrupción de sus servicios. La exploración de las herramientas digitales existentes o nuevas para fomentar la participación de los actores interesados puede ayudar al OSIPTEL a llegar a un público más amplio cuando realiza actividades de difusión y consultas o solicita retroalimentación de los usuarios y los actores interesados.

No hay un órgano formal dedicado a reunir a los actores interesados para realizar consultas en etapas tempranas; esto limita la predictibilidad e inclusión de mecanismos para su participación. Las entidades reguladas presentan los comentarios acerca de las regulaciones del OSIPTEL a través de consultas públicas una vez que se formularon las propuestas regulatorias, por un período de 30 días. Los usuarios pueden participar a través de esos mecanismos, pero el regulador no ha establecido ni puesto en marcha los Consejos de Usuarios ordenados por la ley. La activación de estos Consejos de Usuarios, apoyados en mecanismos de incentivos satisfactorios para que participen en intercambios significativos de ideas, y su inclusión en organismos de consulta más incluyentes de la etapa preliminar, podría potenciar el alcance y la utilidad de las actividades del regulador para interactuar con los actores interesados.

Las revisiones *ex post* no se aplican en forma sistemática, pero se han hecho esfuerzos recientes para mejorar regulaciones anticuadas. De acuerdo con el Análisis de Calidad Regulatoria (ACR) de la PCM, las regulaciones que adicionan procedimientos administrativos deben ser revisadas cada tres años, con algunas excepciones. En OSIPTEL, la mayoría de las evaluaciones *ex post* se hacen *ad hoc* o solo de regulaciones específicas. Algunas, que con frecuencia se relacionan con los precios o cargos por interconexión, son objeto de revisiones periódicas, con base en una cláusula de extinción o a través de las normas existentes. No hay un lineamiento formal para evaluaciones *ex post*, incluso en términos de participación de los actores interesados. Cada gerencia está encargada de revisar sus respectivas regulaciones mediante los criterios establecidos. De acuerdo con las pautas para el ACR, el OSIPTEL revisa las regulaciones existentes. Si bien el ACR requiere concentrarse en aquellos que adicionan procedimientos administrativos, el OSIPTEL amplía esta revisión a otras regulaciones expedidas desde su creación. El objetivo es revisar cuatro en 2018 y completar el proceso para 2021. Se ha contratado un consultor externo para que haga un diagnóstico sobre las regulaciones que resultan una carga innecesaria para las empresas y se ha creado un grupo *ad hoc* para efectuar el proceso. Este grupo entregará sus conclusiones en 2019. De 2019 a 2021, el OSIPTEL anulará, modificará o mantendrá sin cambios las regulaciones de acuerdo con las recomendaciones.

Encuadro 7. Panel de Consumidores de Comunicaciones (CCP, por sus siglas en inglés)

La Ley de Comunicaciones de 2003 exige que la Ofcom —el regulador de telecomunicaciones de Reino Unido— establezca y mantenga convenios efectivos para consultas a los consumidores. Estos convenios incluyen la creación de un Panel de Consumidores de Comunicaciones, órgano independiente cuya función es asesorar a la Ofcom y a otras entidades gubernamentales.

El panel consta de ocho expertos que trabajan para proteger y promover los intereses del público en el sector de comunicaciones al realizar investigaciones, brindar asesoría e incentivar a la Ofcom, el gobierno, la Unión Europea, la industria y otros a analizar los asuntos a través de los ojos de los consumidores, los ciudadanos y las pequeñas empresas. Cuatro miembros del panel representan los intereses de los consumidores en Inglaterra, Irlanda del Norte, Escocia y Gales, respectivamente.

El mandato del CPP le ordena reunirse cuando menos 11 veces al año, con un quórum de 4 miembros más el presidente, con disposiciones que permiten asistir enlazándose por teléfono o video para efectos de determinar el quórum. Se toman minutas formales y, una vez aprobadas, se publican en el sitio web del CPP además de presentarlas directamente al Consejo de la Ofcom. El panel recibe un presupuesto para la remuneración de los miembros, gastos y para comisionar los trabajos. Para el año fiscal 2015-16 fue de 370 000 libras esterlinas, de las cuales 240 000 se destinaron a financiar las funciones de apoyo (incluido un equipo de asesores, la investigación, consultoría, relaciones con los actores interesados y el diseño y publicación).

El panel pone especial atención a las necesidades de las personas vulnerables, adultos mayores, personas con discapacidades y microempresas. La membresía interinstitucional con el Comité Consultivo de Ofcom sobre Adultos Mayores y Personas Discapacitadas (ACOD, por sus siglas en inglés) se estableció en 2012. Los miembros, en su carácter de ACOD, también brindan asesoría a la Ofcom sobre asuntos relacionados con adultos mayores y personas discapacitadas que incluye contenidos de televisión, radio y otros servicios regulados por la Ofcom.

Fuentes: Información proporcionada por la Ofcom, (2018), https://www.ofcom.org.uk/about-ofcom/how-ofcom-is-run/committees/communications-consumer-panel y https://www.communicationsconsumerpanel.org.uk/.

Recomendaciones:

- ***Mantener*** el impulso para la plena implementación del nuevo sistema de análisis de impacto regulatorio (AIR), incluida la aplicación de diversos métodos conforme al principio de proporcionalidad.

- ***Revisar*** y hacer los cambios necesarios para activar el Consejo de Usuarios establecido por ley para permitir la participación estructurada de los usuarios de servicios de telecomunicaciones, así como para activar una vía para consultas tempranas y abiertas.
- ***Crear*** un comité consultivo de actores interesados para consultas transparentes y tempranas con la industria, los usuarios y otros actores relevantes como medio para potenciar la inclusión y predictibilidad de las actividades regulatorias del OSIPTEL. Al establecer este comité, habrá que tener cuidado de garantizar un equilibrio satisfactorio entre los participantes y las perspectivas.
- ***Desarrollar*** el uso de herramientas digitales para las actividades regulatorias, incluida la creación de programas a la medida de las necesidades sectoriales específicas (es decir, la aplicación móvil que está en desarrollo), pero también usar herramientas como WhatsApp y Twitter para consultas y una retroalimentación más estructurada y eficaz.
- ***Desarrollar*** y difundir un programa regulatorio anual que presente las actividades del regulador respecto al desarrollo de nuevas regulaciones, lo que contribuiría a minimizar las actividades a corto plazo.
- ***Utilizar*** las lecciones aprendidas con la evaluación de las regulaciones existentes para extender las evaluaciones *ex post* como un componente constante y automático de la formulación de políticas en el OSIPTEL.

Encuadro 8. Institucionalización de la participación de los actores interesados: órganos reguladores en materia energética de México

La Comisión Reguladora de Energía (CRE) de México ha establecido dos órganos consultivos —uno para hidrocarburos y otro para electricidad— con el objeto de analizar sus planes regulatorios (además de regulaciones específicas que serán sometidas a consulta pública).

Estos órganos consultivos se constituyeron con representantes de los diferentes actores interesados: inversionistas, servicios públicos, consumidores, el gobierno y la academia. Después de la introducción de la reforma energética en 2013, la CRE sustituirá estos dos órganos con un Consejo Consultivo, órgano formalmente establecido en los estatutos de la comisión.

La Comisión Nacional de Hidrocarburos (CNH) de México incluye un procedimiento de consulta pública en la redacción de regulaciones que considera la instalación de los consejos consultivos propuestos por el órgano de gobierno de la CNH. El Consejo Consultivo es un foro cuya finalidad consiste en contribuir al proceso de consulta pública a través de las opiniones de los sectores interesados para así mejorar el contenido de la reglamentación.

Para la elaboración de las disposiciones técnicas para el uso del gas natural asociado a la exploración y extracción de hidrocarburos (emitidas por la CNH y publicadas en el diario oficial el 7 de enero de 2016) se creó un Consejo Consultivo con representantes de las instituciones líderes en los sectores energético y académico, y las asociaciones que agrupan a cesionarios y contratistas, entre otros, a fin de examinar el documento preliminar.

Participaron representantes de instituciones del sector energético, incluidos la ASEA, la Subsecretaría de Hidrocarburos de la Secretaría de Energía y el Instituto Mexicano del Petróleo, la Asociación Mexicana de Empresas de Hidrocarburos (AMEXHI), la Unión Mexicana de Asociaciones de Ingenieros y la Confederación Patronal de la República Mexicana (COPARMEX). En cuanto al sector académico, participaron la Universidad Nacional Autónoma de México (UNAM), el Instituto Politécnico Nacional (IPN), el Consejo Nacional de Ciencia y Tecnología (CONACYT), el Colegio de Ingenieros de México y el Centro Mario Molina.

Celebraron dos sesiones: la primera fue el 19 de junio de 2015, y la segunda, el 1 de septiembre de 2015. En la primera junta, los representantes de la CNH explicaron el objeto y los criterios de la regulación. Los participantes analizaron el borrador y enviaron comentarios el 30 de junio de 2015. La CNH los analizó y elaboró una lista de todos. En esta etapa, la CNH recibió 133 observaciones divididas en 96 opiniones de carácter jurídico y 37 de carácter técnico.

Durante la segunda junta, los representantes de la CNH informaron a los participantes cómo recibieron sus comentarios, así como los motivos de los que no se recibieron.

De este modo, el Consejo Consultivo permite a la CNH conocer y tomar en cuenta la opinión de los sectores interesados en la regulación, fortalecer los aspectos técnicos y el proceso de transparencia al expedir regulaciones.

Fuente: Información proporcionada por la CRE, octubre de 2014; y la CNH, marzo de 2017.

Supervisión y fiscalización

Los planes de supervisión son anuales e intentan abarcar nuevas áreas cada año, pero no están sustentados en una estrategia basada en riesgos. La Gerencia de Supervisión y Fiscalización (GSF) cuenta con personal profesional en Lima, además de tener un supervisor en cada una de las 23 oficinas descentralizadas que transmiten información a Lima. Los inspectores están especializados en diferentes áreas —ingeniería, derecho y economía— para garantizar un enfoque multidisciplinario. Las supervisiones tienen como objetivo el cumplimiento y la prevención. En 2016 y 2017, el OSIPTEL realizó 260 y 250 inspecciones, respectivamente, y detectó 126 y 99 casos de incumplimiento. La sanción administrativa es el resultado más común, pero el OSIPTEL también emplea acciones correctivas o preventivas a fin de dar a las entidades reguladas diversas oportunidades para corregir la conducta.

Las sanciones implican un largo procedimiento administrativo y su nivel lo establece el gerente general. El reglamento que rige actualmente dispone el procedimiento y la diversidad de sanciones (conforme a tres niveles: leve, moderada o grave), que generalmente concuerdan con principios económicos. La Gerencia de Operaciones presenta una propuesta al gerente general, quien puede aprobar o modificar la sanción para aumentar o bajar el monto dentro de los límites del reglamento vigente. La entidad regulada puede apelar la sanción a nivel administrativo. Todas las sanciones se publican en el sitio web como parte del procedimiento obligatorio. El OSIPTEL quiere ampliar esta disposición y publicar todas las decisiones para incluir los casos en que no haya sanciones.

Recomendaciones:

- ***Adoptar*** una estrategia basada en el riesgo para la supervisión y fiscalización y revisar los métodos para optimizar el procedimiento de sanciones a fin de lograr cambios de comportamiento de manera más rápida y eficiente, para beneficio de los consumidores, de acuerdo con las publicaciones OECD Best Practice Principles (Principios de buenas prácticas de la OCDE) y OECD Toolkit on Enforcement and Inspections (Herramientas de la OCDE sobre Cumplimiento e Inspecciones).
- ***Evaluar*** la validez y los mecanismos de rendición de cuentas de las decisiones de fijar el nivel de sanciones, así como delas impugnaciones en primera instancia administrativa, en pro de la transparencia y estabilidad del procedimiento.

Transparencia, integridad y rendición de cuentas

El OSIPTEL da gran prioridad a la toma de decisiones transparente y responsable. El OSIPTEL está comprometido a publicar las decisiones regulatorias, de supervisión y normativas en su sitio web respaldadas por los datos brutos y otra información no confidencial pertinente que emplea para adoptar sus decisiones. Pone a disposición, en su sitio web, los datos recopilados sin procesar y los emplea para elaborar informes periódicos de fácil lectura sobre el sector telecomunicaciones, así como una serie de boletines, videos e informes estadísticos. También publica información sobre sus actividades, como las juntas, y la lista de asistentes. La distribución de la información se apoya en una estrategia de comunicaciones dirigida al Congreso, los órganos ejecutivos, la industria, los usuarios y los medios.

Si bien el OSIPTEL comparte información sobre el desempeño del sector y sus actividades por medio de múltiples productos de divulgación, hacen falta mecanismos formales de rendición de cuentas. Por una parte, el OSIPTEL, para dar a conocer sus actividades, desarrolla herramientas cuya eficiencia puede aumentar mediante la optimización. Por otra parte, el regulador no está obligado a presentar o discutir su informe anual con el Congreso. Si bien es posible llamar al OSIPTEL a comparecer ante el Congreso y sus comisiones, sus informes anuales no son examinados en forma periódica. Una presentación más estructurada de los informes podría cumplir la doble función de contribuir a una relación "sin sorpresas" con el Poder Legislativo y también a que los congresistas conozcan más el trabajo del regulador.

Los reguladores económicos de Perú, incluyendo el OSIPTEL, deberían aspirar a ser ejemplos en la administración pública en las áreas de integridad y transparencia, debido a su función para dar estabilidad a los sectores que vigilan. El OSIPTEL tiene un Código de Ética Institucional en sitios visibles en todo el entorno laboral y un grupo de trabajo sobre ética con representantes de cada gerencia encargada de promover el comportamiento ético. El Código de Ética incluye cinco disposiciones generales y no presenta mecanismos de supervisión ni fiscalización, aunque las violaciones al Código están sujetas a sanciones y se reportan a una persona designada (el asesor del presidente del Consejo). Esta persona acepta la responsabilidad añadida a sus deberes de trabajo habituales. Una comisión de ética maneja las violaciones; las violaciones graves pasan al gerente de Recursos Humanos y al tribunal de SERVIR en los casos más graves. Las violaciones no se reportan de manera anónima y hasta la fecha no se ha informado de ninguna.

El OSIPTEL tiene una política de "puertas abiertas" para las entidades reguladas con el fin de analizar los problemas con el regulador; los recientes cambios impiden que esto ocurra durante la fase de desarrollo regulatorio. Las entidades tienen entonces que esperar la consulta pública para hacer sus aportaciones. Antes, las entidades hablaban directamente con los miembros del Consejo y con el personal del regulador, se registraba la visita en el portal de transparencia en línea (nombre de la entidad y de los representantes visitantes, el asunto del tema tratado y el personal del OSIPTEL que estuvo en la reunión), pero no se hacía una descripción detallada de lo que hablaron.

Recomendaciones:

- ***Establecer*** una interacción periódica con el Congreso para una mayor rendición de cuentas y mejor conocimiento de la función y actividades del regulador por parte del Poder Legislativo. Por ejemplo, esto podría realizarse una vez al año a manera de reporte sobre el desempeño y los resultados alrededor del informe anual del regulador.
- ***Evaluar*** el impacto de las diversas herramientas de reporte y transparencia implementadas por el OSIPTEL y, posiblemente, optimizarlas.
- ***Reforzar*** los mecanismos para supervisar y fiscalizar el Código de Ética del OSIPTEL con el objetivo de crear una cultura de integridad, transparencia y justicia que brinde canales para proteger a los denunciantes que dan la información y métodos suficientes para manejar los reclamos de conformidad con la Recomendación de la OCDE sobre Integridad Pública.
- ***Afinar*** el portal de transparencia en línea para proporcionar información completa sobre las visitas de entidades reguladas y otros grupos, y comunicar sobre la existencia de esta herramienta y orientar al personal sobre cómo abordar estas reuniones para promover un diálogo constructivo con la industria. Mejorar el mecanismo de vigilancia y formalizar las normas son acciones que se pueden introducir para promover la transparencia y minimizar el conflicto de intereses, ofreciendo una vía para hacer sugerencias constructivas sobre las regulaciones antes de que sean borradores de textos.
- ***Considerar*** hacer sesiones de Consejo transmitidas en vivo vía internet para lograr la total transparencia en la toma de decisiones cuando sea viable desde el punto de vista de la confidencialidad.

Rendimiento y resultados

Evaluación del desempeño

El marco estratégico del OSIPTEL incluye una combinación de resultados y de metas organizacionales, y lo respaldan complejos indicadores para medir sus logros. El marco estratégico consta de siete objetivos: tres se concentran en la protección al consumidor, uno en la competencia y tres en la reputación y los procesos del OSIPTEL. Los objetivos estratégicos institucionales (OEI) se miden con indicadores de alto nivel que en gran parte se centran en los resultados de mercado, pero las metas no se fijan para el periodo de planeamiento estratégico (véase cuadro 6). Estos OEI se traducen luego en acciones prioritarias que cuentan con un grupo de indicadores, la mayoría centrados en los resultados, procesos e insumos. Además, el OSIPTEL ha diseñado indicadores compuestos (índices) que miden el desempeño del mercado para los OEI y más (p. ej., el índice de competencia que agrupa todas las áreas bajo la jurisdicción del OSIPTEL). El OSIPTEL también comparte datos para conformar un conjunto de indicadores definidos por el MEF para monitorear el ejercicio del presupuesto y el desempeño. No todos los indicadores del MEF están incluidos en el marco estratégico general del regulador, lo que puede conducir a la duplicidad de esfuerzos en términos de monitoreo.

Cuadro 6. Objetivos estratégicos e indicadores del OSIPTEL, 2018-2022

TIPO	OBJETIVO ESTRATÉGICO	INDICADOR
ESENCIAL	Promover la competencia entre los operadores de telecomunicaciones	• Índice de competencia en telefonía móvil • Índice de precios de telefonía móvil • Índice de competencia en internet móvil • Índice de precios de internet móvil • Índice de competencia en internet fijo • Índice de precios de internet fijo • Índice de competencia en TV de paga • Índice de precios en TV de paga
	Garantizar el cumplimiento de las normas de calidad en servicios de telecomunicaciones, según lo establecen u ofrecen los operadores	• Índice de calidad de servicio de la telefonía móvil • Índice de calidad en servicio de internet móvil • Índice de calidad en servicio de internet fijo • Índice de calidad en servicio en TV de paga
	Promover la atención adecuada de los operadores a los usuarios	• Porcentaje de cumplimiento con las normas de calidad de servicio en el servicio de los operadores al cliente • Porcentaje de satisfacción del usuario con la calidad de servicio del operador al cliente
	Empoderar a los usuarios del servicio de telecomunicaciones	• Porcentaje de usuarios que conocen sus derechos básicos • Porcentaje de usuarios que tenían problemas con el servicio y encontraron una solución satisfactoria
DE APOYO	Consolidar la reputación del OSIPTEL como institución transparente y muy especializada	• Índice de reputación del OSIPTEL
	Consolidar el modelo de gestión del OSIPTEL hacia la excelencia	• Porcentaje de satisfacción del cliente interno con los órganos competentes • Porcentaje de satisfacción del cliente interno con los órganos de apoyo y consultivos • Índice de excelencia en la gestión del OSIPTEL
	Implementar procesos para la gestión de los riesgos de desastre	• Número de informes de implementación o actualización para la gestión de riesgos de desastre

Fuente: OSIPTEL, 2018.[1].

Los indicadores complejos existen para medir el logro e implementación del PEI, pero su monitoreo puede emplear muchos recursos y estar subutilizado para efectos de rendición de cuentas y transparencia. El OSIPTEL ha definido 14 indicadores compuestos que miden el logro de cuatro de los OEI, los otros se monitorean mediante porcentajes de satisfacción o número de informes. Sin embargo, el OSIPTEL no tiene que informar de estos indicadores al Congreso ni a otros órganos, y si bien se elabora un informe anual complejo, los indicadores se utilizan en gran medida para efectos internos. Más aún, el OSIPTEL solo debe informar de un subconjunto de sus indicadores totales al MEF y a la PCM, los cuales piden diferentes subconjuntos. La ausencia de concordancia entre indicadores y requisitos para informar reduce la eficiencia de los sistemas de rendición de cuentas y transparencia para mejorar el desempeño del regulador.

Recomendaciones:

- ***Compartir*** la buena experiencia del marco estratégico del OSIPTEL con otros reguladores económicos y otros órganos públicos peruanos.
- ***Optimizar*** los indicadores del PEI y el POI para que en el monitoreo y los informes haya acciones y recursos más enfocados. El objetivo de los indicadores es apoyar la gestión del regulador y las decisiones sobre la (re)orientación estratégica.
- ***Explorar*** la inclusión de metas para los indicadores en el marco estratégico y monitorear el logro de estas metas en los informes.

Datos y reportes

El OSIPTEL solicita datos e información de las entidades reguladas y publica y emplea los datos a través de distintos canales. Las empresas reguladas deben presentar 185 formatos por medio de un sistema digitalizado en línea, así como responder a las solicitudes puntuales de información enviadas por el OSIPTEL. Cuando se envía información incompleta o incoherente, el OSIPTEL exige la subsanación. Las entidades reguladas pueden recibir sanciones por incumplimiento o cumplimiento tardío solicitudes de información. Para el OSIPTEL es difícil utilizar debidamente todos estos datos en los informes o en el material de comunicaciones, lo que puede provocar rechazo de la industria. El OSIPTEL está desarrollando métodos para emplear más los datos que recopila, pero también deberá evaluar si, ante todo, no está recabando demasiados datos. La mayoría de los que no son confidenciales y están disponibles en un formato bruto en el sitio web del OSIPTEL. El OSIPTEL informa sobre el desempeño del sector en su reporte anual y también mediante síntesis en su boletín trimestral y en breves informes estadísticos. Sin embargo, el regulador no publica un informe exclusivo y sistemático sobre el desempeño del sector ni utiliza los canales existentes como oportunidades para interactuar con las entidades reguladas en relación con las tendencias y evoluciones del mercado.

Los distintos informes publicados por el regulador podrían optimizarse en informes más específicos e integrados, compatibles con el marco estratégico del regulador. El regulador recopila gran cantidad de datos para informar sus indicadores de desempeño y publica análisis y algunos datos sin procesar. Entre la información publicada en línea están los datos brutos de mercado, datos brutos de la encuesta realizada entre los consumidores, análisis de la encuesta a consumidores, breves informes estadísticos que presentan las tendencias y desempeño del mercado, documentos de trabajo. El OSIPTEL también comunica sus actividades e impacto mediante boletines periódicos y elabora un informe anual detallado. El único informe obligatorio es para el MEF sobre un conjunto de indicadores convenidos con el Ministerio, lo que no siempre coincide con el de indicadores del OSIPTEL dentro de su marco estratégico. El marco estratégico y la revisión de indicadores, así como la publicación de los resultados de comunicación del OSIPTEL requieren gran cantidad de recursos.

Recomendaciones:

- ***Seguir*** alineando el informe anual al marco estratégico y utilizarlo como una oportunidad para comunicar logros comparados con los objetivos estratégicos.

- ***Revisar*** el alcance de las síntesis del desempeño del mercado hechas por el OSIPTEL en favor de un informe anual del desempeño previsible del mercado, que podría aprovecharse como oportunidad de interactuar con la industria. Este informe sería diferente del informe anual institucional general.
- ***Revisar*** las políticas vigentes de recopilación de datos para garantizar que se ajustan a la finalidad y son adecuadas para alcanzar las metas estratégicas del regulador con el fin de limitar la carga que representa para la industria el cumplimiento respecto a la solicitud de datos, dando prioridad solo a recopilar datos que el regulador pueda utilizar razonablemente.
- ***Organizar*** eventos públicos con los actores interesados para presentar el informe anual.
- ***Estudiar*** la oportunidad de optimizar o reducir los requisitos para informar datos y así aliviar los problemas relacionados con la información incompleta e incoherente, en particular mediante la revisión de los procesos de recopilación de datos. Por ejemplo, respecto a los formularios, cómo se piden y se interpretan los datos, qué tan fácil o complicado es el proceso para obtenerlos.

Encuadro 9. Vinculación e informes del sector: PSA (Noruega) y Ofcom (Reino Unido)

Autoridad de la Seguridad del Petróleo (PSA) de Noruega

La PSA desarrolló el Proyecto de Tendencia en el Nivel de Riesgo (RNNP) en 1999 como herramienta de medición consensual del nivel de riesgo en el sector petrolero de altamar noruego, en respuesta a los desacuerdos sobre el tema entre las diferentes partes. Desde su inicio, el RNNP se ha vuelto una actividad anual esencial de la PSA.

Un resultado clave es la identificación de los indicadores pertinentes que reflejan diferentes aspectos del riesgo relevante para la industria petrolera. El RNNP depende de la estrecha colaboración con otras partes, incluida la retroalimentación de la industria en cuanto a la metodología y los indicadores, para garantizar que haya acuerdo sobre una descripción confiable del nivel de riesgo. La participación de la industria en las primeras etapas del proceso es esencial para garantizar la recopilación de datos de buena calidad para el ejercicio. El proyecto tiene el respaldo de expertos en seguridad muy calificados que proceden de instituciones académicas, de la industria y otros especialistas.

La interacción con los actores interesados, así como la publicación del informe anual del RNNP transcurre en el Foro de Seguridad, establecido en 2001 para poner en marcha, analizar y dar seguimiento a temas pertinentes en materia de seguridad, preparación para las emergencias y entorno laboral en la industria petrolera, en las instalaciones tanto en tierra como marítimas, desde una perspectiva tripartita. El foro lo encabeza el director general de la PSA y reúne a las asociaciones industriales y a los sindicatos.

El producto del RNNP es un informe anual en el plano industrial (no se publican resultados de compañías identificables) que se presenta en el Foro de Seguridad. La presentación identifica los aspectos que deben mejorarse y exige a la industria que identifique las medidas correctivas y las aplique. Además de este impacto directo en las acciones de la industria para mitigar el riesgo, el ejercicio también ayuda a la PSA a identificar las prioridades estratégicas y a planear sus actividades de supervisión.

Regulador de telecomunicaciones del Reino Unido: Ofcom

La Ofcom publica cada año un Informe del Mercado de Comunicaciones (CMR), el cual ofrece estadísticas y análisis sobre el sector en el Reino Unido como referencia para la industria, los interesados, académicos y consumidores. También sirve de contexto para el trabajo que realiza la Ofcom para promover los intereses de los consumidores y ciudadanos en los mercados que regula. El informe contiene datos y análisis sobre los programas de radio y televisión, la telefonía fija y móvil, la demanda y consumo de internet, y el correo.

El informe se publica en tres formatos: un informe interactivo que puede explorarse y personalizarse muy a fondo, un informe narrativo que complementa el anterior, y un resumen de estadísticas clave. Los datos están disponibles para descargarlos.

La Ofcom publica este informe para apoyar su meta regulatoria de investigar los mercados en forma constante y mantenerse a la vanguardia del conocimiento tecnológico. También cumple con los requisitos, según la sección 358 de la Ley de Comunicaciones de la Ofcom de 2003, de publicar un informe anual fáctico y estadístico, así como de hacer pública su investigación de consumo, como se establece en las secciones 14 y 15 de la Ley de Comunicaciones.

El CMR se publica en agosto para garantizar que reciba cierto grado de atención, y se tiene el cuidado de no publicar ningún otro documento en esa época.

Fuentes: Lauridsen, 2012[8]; Ofcom, 2018[9].

Referencias

ACCC (2018), *Compliance & enforcement policy & priorities*, https://www.accc.gov.au/about-us/australian-competition-consumer-commission/compliance-enforcement-policy-priorities#about-this-policy (acceso 2 de noviembre 2018). [2]

Apptivism (2018), *ChatScotland*, http://www.apptivism.org/ChatScotland (acceso 10 de enero 2019). [5]

Customer Forum((n.d.)), *Customer Forum - About Us*, https://www.customerforum.org.uk/about-us/ (acceso 10 de enero 2019). [4]

Lauridsen, Ø. (2012), *Trends in Risk Level Norwegian Petroleum Activity (RNNP)*, http://www.ptil.no/trends-in-risk-level/category155.html (acceso 2 de noviembre 2018). [8]

OECD (2018), *Driving Performance at Ireland's Commission for Regulation of Utilities*, The Governance of Regulators, OECD Publishing, Paris, http://dx.doi.org/10.1787/9789264190061-en. [6]

OECD (2016), *Being an Independent Regulator*, The Governance of Regulators, OECD Publishing, Paris, http://dx.doi.org/10.1787/9789264255401-en. [7]

Ofcom (2018), *The Communications Market 2018*, https://www.ofcom.org.uk/research-and-data/multi-sector-research/cmr/cmr-2018 (acceso 2 de noviembre 2018). [9]

OSIPTEL (2018), *Plan Estratégico Institucional 2018-2022*, OSIPTEL, https://www.osiptel.gob.pe/repositorioaps/data/1/1/1/PAR/res025-2018-pd/Res025-2018-PD_PEI2018-2022.pdf (acceso 22 de junio 2018). [1]

Water Industry Commission for Scotland (2017), *Innovation and Collaboration: future proofing the water industry for customers*, Water Industry Commission for Scotland (WICS), https://www.watercommission.co.uk/UserFiles/Documents/SRC21_Innovation%20and%20Collaboration_Methodology_WICS_amended.pdf (acceso 10 de enero 2019). [3]

Capítulo 1. Contexto del sector

En este capítulo se describen las principales características del sector regulado por el Organismo Supervisor de Inversión Privada en Telecomunicaciones, OSIPTEL. También ofrece un panorama general del marco institucional y regulatorio de Perú.

Instituciones

Perú tiene un sistema de gobierno centralizado que abarca los poderes Ejecutivo, Legislativo y Judicial.

Ejecutivo

El presidente de la República, el Consejo de Ministros y la Presidencia del Consejo de Ministros (PCM) constituyen los órganos fundamentales del Poder Ejecutivo (véase la gráfica 1.1 (OECD, 2016[1])). Junto con la PCM, el Ministerio de Economía y Finanzas (MEF) y el Ministerio de Justicia y Derechos Humanos (MINJUS) ayudan a configurar el entorno regulatorio general de Perú. En el sector de telecomunicaciones, el Ministerio de Transportes y Comunicaciones (MTC) y otros órganos públicos, como el Instituto Nacional de Defensa de la Competencia y Protección de la Propiedad Intelectual (Indecopi), también trabajan muy de cerca al OSIPTEL para mejorar la política regulatoria en el sector.

Gráfica 1.1. Estructura del Poder Ejecutivo del gobierno peruano

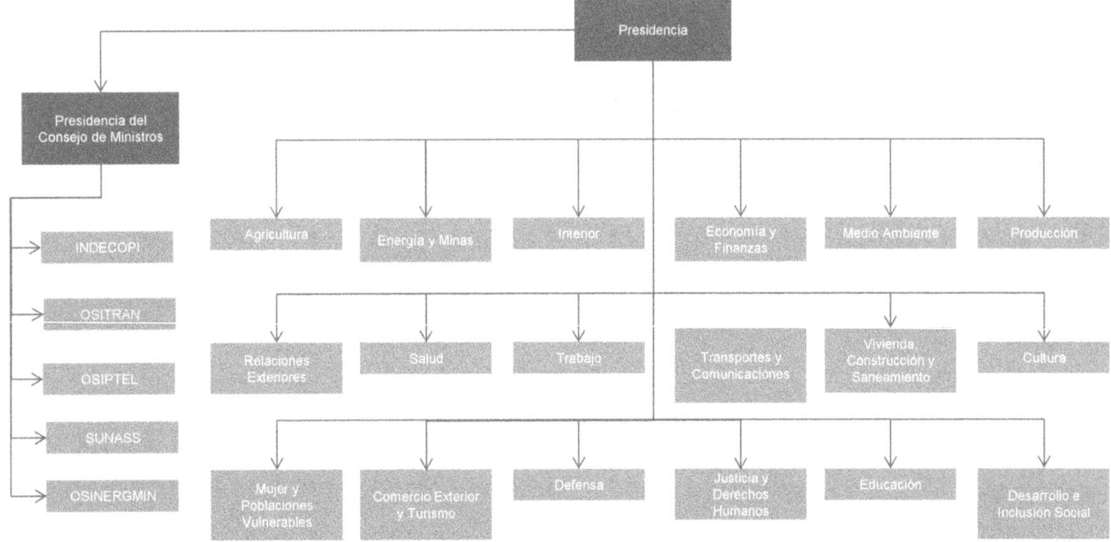

Nota: A la PCM también se encuentran adscritas otras entidades públicas que no se encuentran incluidas en esta gráfica.
Fuente: OECD, 2016[2].

Presidencia del Consejo de Ministros (PCM)

La Presidencia del Consejo de Ministros (PCM) coordina las políticas nacionales y sectoriales dentro del Ejecutivo, incluyendo los ministerios competentes y los órganos públicos. La PCM abarca varias secretarías y comisiones, y gestiona y coordina con ministerios competentes y otras entidades públicas, según lo define la ley. La PCM vigila y orienta los procesos administrativos generales dentro del OSIPTEL y tiene una función clave para designar y nominar al presidente y a los miembros del Consejo Directivo del regulador, así como para administrar la asignación de presupuestos y desembolsos. La PCM está desarrollando lineamientos y funciones para fortalecer su función de vigilancia en la administración peruana. Si bien no está definido formalmente en la ley, el presidente del Consejo de Ministros desempeña en la práctica el papel de primer ministro y vocero del gobierno (OECD, 2016[1]).

Varios organismos públicos se encuentran adscritos a la PCM. El OSIPTEL interactúa principalmente con dos de ellos: el Centro Nacional de Planeamiento Estratégico (CEPLAN) y la Autoridad Nacional del Servicio Civil (SERVIR):

- El CEPLAN es un organismo técnico especializado que está a cargo de vigilar el plan nacional de desarrollo y de garantizar que los planes sectoriales, estratégicos y operativos de los órganos gubernamentales se desarrollen de acuerdo con el Sistema Nacional de Planeamiento Estratégico (SINAPLAN, véase encuadro 1.1). El CEPLAN también monitorea el cumplimiento y garantiza que los objetivos e indicadores establecidos por el órgano ejecutivo no estén en contradicción con otros planes sectoriales o nacionales.
- SERVIR establece las políticas de recursos humanos para el sector público peruano[1], incluyendo al OSIPTEL. Es responsable de orientar, monitorear y gestionar aspectos relacionados con recursos humanos, tales como las evaluaciones del desempeño, los sistemas de información, la remuneración, los incentivos y los códigos de conducta. De conformidad con el nuevo régimen laboral de SERVIR (véase encuadro 2.2), el Cuerpo de Gerentes Públicos (CGP) también estará encargado de llevar a cabo el proceso de selección para los puestos gerenciales. Según la información de SERVIR, 412 entidades públicas han comenzado la transición al nuevo régimen; sin embargo, hasta 2018, ninguna entidad pública se ha incorporado completamente. Por lo tanto, hasta ahora SERVIR no ha seleccionado los puestos gerenciales en el OSIPTEL.

Encuadro 1.1. Plan Estratégico de Desarrollo Nacional (PEDN) y Sistema Nacional de Planeamiento Estratégico de Perú (SINAPLAN)

En 2011, el gobierno creó el Plan Estratégico de Desarrollo Nacional (PEDN), que establece los objetivos estratégicos, los lineamientos normativos, las metas y proyectos del gobierno para los diez años siguientes. El plan consta de seis ejes estratégicos: i) derechos fundamentales y dignidad de las personas; ii) oportunidades y acceso a los servicios; iii) Estado y gobernabilidad; iv) economía, competitividad y empleo; v) desarrollo e infraestructura regionales; y vi) recursos naturales y medio ambiente. El plan sirve de guía y no como plan de acción a largo plazo y permite flexibilidad al conseguir las metas en el mediano plazo al establecer metas anuales cada cinco años. El plan nacional se actualizó por última vez en octubre de 2015 y se denominó de tal manera que incluyera escenarios y metas del país para 2021.

Por consiguiente, el PEDN sirve como guía al Centro Nacional de Planeamiento Estratégico (CEPLAN) para aplicar el Sistema Nacional de Planeamiento Estratégico (SINAPLAN). El SINAPLAN es un conjunto articulado de sistemas y mecanismos de coordinación para asegurar la viabilidad del proceso nacional de planeamiento y la cooperación en torno a este y para promover el desarrollo sostenido del país.

Las entidades que componen el SINAPLAN incluyen a los tres poderes de gobierno (Ejecutivo, Legislativo y Judicial), organizaciones constitucionales autónomas, gobiernos subnacionales y el foro nacional, que incluye a partidos políticos y organizaciones de la sociedad civil.

Fuente: (CEPLAN, 2018[3]); (CEPLAN, 2018[4]), (OECD, 2016[5]).

Ministerio de Economía y Finanzas (MEF)

El Ministerio de Economía y Finanzas (MEF) es responsable del desarrollo de la política económica y financiera del país y desempeña un papel igualmente importante en los esfuerzos para lograr calidad regulatoria. El MEF gestiona el sistema presupuestario basado en resultados, que se aplica a todos los órganos ejecutivos y reguladores económicos, así como otras actividades de política regulatoria relacionada con la simplificación administrativa, la cooperación regulatoria internacional en materia de coordinación intergubernamental, la regulación basada en resultados, las evaluaciones de impacto *ex ante* de la regulación, y la transparencia y consulta gubernamental. Tiene capacidad para evaluar los proyectos de políticas con posibles impactos en el comercio y otros temas transversales (OECD, 2016[2]).

Las evaluaciones de impacto *ex ante* y *ex post* empezaron en 2010 bajo el liderazgo de la Dirección General de Presupuesto Público del MEF, que dirige, participa y supervisa cada una de las etapas del proceso de evaluación. Estas evaluaciones pueden ser respecto a actividades, proyectos, programas o políticas que estén en curso o terminados. Hasta la fecha, se han desarrollado análisis de impacto de intervenciones públicas de diversos sectores, como Educación, Agricultura, Inclusión Social, Trabajo, Seguridad Ciudadana y Salud[2]. Al mismo tiempo, la Subsecretaría de Simplificación y Análisis Regulatorio implementa metodologías y acciones para el Análisis de Impacto Regulatorio (AIR) en el proceso de capacitación regulatoria, en áreas de su competencia. También emite opiniones y asesora a las entidades públicas sobre la idoneidad del AIR en el proceso de capacitación regulatoria (artículo 45, Reglamento de Organización y Funciones de la PCM-Decreto Supremo 22-2017-PCM).

Adscrita al MEF está la Agencia de Promoción de la Inversión Privada (ProInversión), órgano técnico especializado que se encarga de promover las inversiones nacionales a través de alianzas público-privadas (PPP, por sus siglas en inglés) en servicios, infraestructura, activos y otros proyectos estatales. También es responsable de proporcionar servicios de información y orientación a los inversionistas, conciliar diferentes puntos de vista sobre los proyectos de inversión. Es responsable de crear un entorno propicio para atraer inversiones privadas de acuerdo con los planes económicos y las políticas de integración, incluyendo aquellos relacionados con el desarrollo de infraestructura de telecomunicaciones. ProInversión recibe comentarios técnicos del OSIPTEL, el MEF y el MTC cuando hay desarrollo de proyectos de inversión; sin embargo, solo las opiniones del MEF y del MTC se consideran vinculantes.

Ministerio de Justicia (MINJUS)

El MINJUS es el órgano de asesoría jurídica para el Poder Ejecutivo. Posee un amplio mandato para supervisar la aplicación del principio de Estado de Derecho y actuar como verificador de la calidad jurídica de los proyectos de ley. Junto con la PCM y el MEF, está considerado entre los ministerios más influyentes en el Poder Ejecutivo. El MINJUS garantiza que el Poder Ejecutivo cumpla sus deberes dentro de la Constitución Política del Perú, al brindar asesoría y opiniones jurídicas sobre las iniciativas regulatorias. También es el órgano encargado de coordinar con el Poder Judicial, el Fiscal de la Nación, y las entidades afines dentro del sistema judicial.

Ministerio de Transportes y Comunicaciones (MTC)

El Ministerio de Transportes y Comunicaciones (MTC) se encarga de definir y desarrollar las políticas para los sistemas de transporte y del sector telecomunicaciones de Perú. Está a cargo de diseñar, encabezar, promover e implementar acciones tendientes a proporcionar sistemas eficientes de transporte y telecomunicaciones y vigilar los programas de concesiones en estos sectores. Esto se hace junto con los órganos de control y las instituciones sectoriales que supervisan la adecuada operación de las actividades de telecomunicaciones y transportes, en concreto con dos de los cuatro reguladores económicos del país: OSIPTEL y OSITRAN.

El MTC establece la dirección y la política general del sector telecomunicaciones y vigila la implementación de los diversos proyectos, como los emprendidos a través del Fondo de Inversión en Telecomunicaciones (FITEL). El MTC es responsable de evaluar, procesar y supervisar las solicitudes relacionadas con la operación de estaciones de radio de señal abierta, el espectro radioeléctrico, las emisoras de televisión y la prestación de servicios privados de telecomunicaciones.

Organismos autónomos

Organismos reguladores

El gobierno de Perú creó cuatro reguladores económicos en la década de 1990 como parte de una política más amplia apoyada en los pilares de liberalización económica, atracción de inversiones privadas y competencia regulada. Estas autoridades son: el Organismo Supervisor de Inversión Privada en Telecomunicaciones (OSIPTEL), el Organismo Supervisor de la Inversión en Energía y Minería (OSINERGMIN)[3], el Organismo Supervisor de la Inversión en Infraestructura de Transporte de Uso Público (OSITRAN) y la Superintendencia Nacional de Servicios de Saneamiento (SUNASS).[4] Se crearon para fomentar la competencia y promover la inversión en infraestructura después de la liberalización de la economía. Las características que definen a estas entidades son: 1) diseño institucional como órganos administrativamente independientes del gobierno central; *2)* esquema de financiamiento a través de contribuciones de la industria, y 3) órgano colegiado de toma de decisiones.

Autoridad en materia de competencia y protección del consumidor

Además de los cuatro reguladores económicos, en 1992 se creó el Instituto Nacional de Defensa de la Competencia y de la Protección de la Propiedad Intelectual (Indecopi)[5] como órgano independiente responsable de supervisar el cumplimiento de las leyes de competencia y propiedad intelectual[6]. Desde 2010, el Indecopi también tiene la función de proteger a los consumidores como Autoridad Nacional de Protección del Consumidor, que ejerce sus deberes en el marco de la Política Nacional de Protección y Defensa del Consumidor, y se basa en cuatro pilares estratégicos: 1) educación, orientación y difusión; 2) protección de la salud y seguridad del consumidor; 3) mecanismos para la prevención y solución de conflictos entre proveedores y consumidores, y 4) fortalecimiento del Sistema Nacional Integrado de Protección del Consumidor.

Tiene autoridad para tomar decisiones vinculantes en cuanto a sanciones o penalizaciones por violaciones cometidas según la Ley No. 29571, Código de Protección y Defensa del Consumidor. Las penalizaciones están limitadas a 50 unidades tributarias (207 500 PEN) por infracciones menores, 150 unidades tributarias (622 500 PEN) por infracciones graves y 450 unidades tributarias (1.9 millones de PEN) por infracciones muy graves[7].

Desde 2013, el Indecopi ha realizado revisiones *ex post* de regulaciones dentro de su jurisdicción y ha eliminado casi 3 000 en el país. Cabe destacar que, en el sector telecomunicaciones, las funciones de competencia las mantiene el regulador del sector económico y no el Indecopi, excepto la de competencia desleal relacionada con publicidad. Respecto a la protección del consumidor, el Indecopi se encarga de temas relativos a *hardware* (equipo) mientras que el OSIPTEL es responsable de los temas relacionados con el servicio.

El Indecopi preside el Consejo Nacional de Protección del Consumidor, un grupo de trabajo interinstitucional creado para integrar el marco normativo local y nacional de protección del consumidor, así como para apuntalar las actividades realizadas para beneficio de los consumidores e identificar campañas de información comunes. El Consejo lo forman 16 representantes de sectores públicos y privados: ministerios, reguladores de servicios públicos, asociaciones empresariales y asociaciones de consumidores, en coordinación con la PCM. Esta vez, el Osinergmin ha sido nombrado para representar a los demás reguladores en el Consejo.

Poder Legislativo

El Poder Legislativo peruano es conferido al Congreso de la República. El Congreso es una institución unicameral que se compone de 130 miembros elegidos para periodos de cinco años. Su composición actual es resultado de una reforma aprobada en 1993 después del Congreso Constituyente Democrático que generó la nueva Constitución Política (OECD, 2016[1]). El Congreso tiene autoridad para aprobar la legislación que requiere que los reguladores formulen regulación secundaria. Además, el Congreso puede instar a los ministerios y reguladores para que opinen sobre los proyectos de ley y asistan a sesiones en que responderán preguntas. Hay 23 comités permanentes, incluida la Comisión de Defensa del Consumidor y Organismos Reguladores de los Servicios Públicos (CODECO), la Comisión de Presupuesto y Cuenta General de la República y la Comisión de Transportes y Comunicaciones.

Gobiernos subnacionales

Hay tres niveles subnacionales de gobierno en Perú: el gobierno regional, el gobierno local provincial y el gobierno local distrital (OECD, 2016[2]). Estos niveles tienen funciones exclusivas y conjuntas que están descritas en la Constitución Política del Perú (CPP), la Ley Orgánica del Poder Ejecutivo (LOPE), la Ley Orgánica de Gobiernos Regionales (LOGR) y la Ley Orgánica de Municipalidades (LOM). Los gobiernos subnacionales tienen autoridad para emitir regulaciones en su jurisdicción. Las oficinas desconcentradas del OSIPTEL (DO) se encargan, entre otras cosas, de ser el enlace con los gobiernos regionales.

Poder Judicial

El Poder Judicial es responsable de interpretar y aplicar las leyes en Perú para garantizar la equidad en la justicia. Es el que proporciona los mecanismos para solucionar las controversias a través de un sistema jerárquico. El Poder Judicial lo encabeza la Corte Suprema y lo respaldan 28 cortes superiores con jurisdicciones definidas en las 25 regiones del país. Para cada corte superior hay 195 juzgados de primera instancia encargados de cada provincia y 1 838 juzgados de paz en cada distrito (Poder Judicial de Perú, 2012[6]). En el sector telecomunicaciones, la solución de controversias entre entidades reguladas, así como los reclamos de usuarios, la atienden los órganos administrativos dentro del OSIPTEL. Si las partes quieren impugnar judicialmente después de agotada la vía administrativa, pueden iniciar un "proceso contencioso administrativo" conforme a la Ley No. 27584. El Poder Judicial toma la decisión final sobre el caso, el cual puede decidirse con base en el mérito del tema o en aspectos formales. Además, para las entidades reguladas por el OSIPTEL es posible emplear el arbitraje con el fin de solucionar controversias.

Institución de auditoría suprema

La Contraloría General de la República del Perú (CGR) se estableció en 1929 como institución de auditoría suprema de Perú. Como máxima autoridad del sistema de control nacional, la CGR supervisa, monitorea y verifica la correcta aplicación de las políticas públicas y el uso de los recursos y bienes del Estado. Está representada en cada órgano de gobierno, incluido el OSIPTEL, por el Órgano de Control Institucional (OCI). El jefe del OCI es asignado por el Contralor General de la República y su función es la gestión correcta y transparente de los recursos y bienes del OSIPTEL, salvaguardando la legalidad y eficiencia de sus actos, además de lograr sus metas de gestión, a través de la ejecución de las tareas de control. El resto del personal de auditoría son empleados por el órgano de gobierno. El OCI es responsable de auditar el gasto público; por ejemplo, al monitorear el procedimiento y el proceso de evaluación de contratos, licitaciones y otros servicios.

Política y proceso regulatorio

Proceso legislativo

Además de los miembros del Congreso, están autorizados para presentar proyectos de ley el presidente de la República, el Poder Judicial, los órganos públicos autónomos, las asociaciones profesionales y la ciudadanía (véase gráfica 1.2).

Una vez presentado el proyecto de ley, la oficina del Congreso lo registra y el secretario general del Consejo Ejecutivo lo procesa y se encarga también de identificar la(s) comisión(es) que recibirá(n) el proyecto de ley y establece la jerarquía de cada comisión. La comisión asignada delibera y expide un informe en un plazo de 30 días contados a partir de la recepción y lo clasifica como favorable, desfavorable o rechazo rotundo. Si otras comisiones reciben la propuesta, las comisiones son invitadas a presentar informes individuales o conjuntos. Si se aprueban, los informes de las comisiones las recibe el Consejo Ejecutivo, que incluye al secretario general, al director parlamentario y al secretario, quien también organizará los debates y coordinará la distribución de las copias a los miembros del Parlamento. La Asamblea Plenaria entonces acepta o rechaza el proyecto de ley. A continuación, el proyecto de ley aceptado se registra, revisa y certifica por la Oficina del Secretario General y se traslada al Poder Ejecutivo. El presidente firma el proyecto con carácter de ley y ordena su publicación; entra en vigor una vez publicada en el diario oficial El Peruano. Si hay objeciones, el presidente puede regresar el proyecto de ley al Congreso en un plazo de 15 días. Si no hay una decisión del Ejecutivo en un plazo de 15 días, el Congreso puede aprobar la ley (Congreso de la República, 2017[7]).

Si está dentro de su jurisdicción, los organismos reguladores tienen derecho de formular legislaciones secundarias vinculadas a la ley, siguiendo los lineamientos para el análisis de la calidad regulatoria de los procedimientos administrativos (Presidencia del Consejo de Ministros, 2018[8]).

Gráfica 1.2. Proceso legislativo de Perú

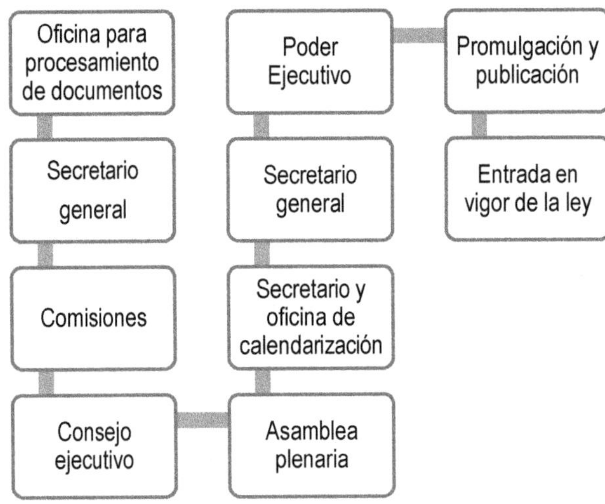

Fuente: Congreso de la República, 2017[9].

Proceso normativo en el Poder Ejecutivo

El Poder Ejecutivo tiene la autoridad para dictar regulaciones (decretos y resoluciones). También se encarga de aprobar iniciativas (proyectos de ley) que el presidente de la República presenta al Congreso, incluyendo los decretos legislativos, los decretos de emergencia y las resoluciones, según lo definido en la ley (OECD, 2016[2]).

El proceso de elaboración de normas en el Ejecutivo no se guía por una política para todo el gobierno, sino que ciertas políticas y marcos sirven como material para el desarrollo de regulaciones (véase cuadro 1.1).

Cuadro 1.1. Marcos y políticas que sirven de guía al elaborar normas en el Poder Ejecutivo

	Nombre	Descripción
Ley No. 26889	Ley marco para la producción y sistematización legislativas	Establece los lineamientos generales para todas las entidades reguladas al preparar proyectos de ley y otras propuestas, por ejemplo, exposición de motivos.
		Regula la nomenclatura, coherencia de los textos (títulos, artículos, etc.), y la gestión de erratas.
Ley No. 27444	Ley de procedimiento administrativo general	Establece importantes normas sobre consulta pública, incluida la publicación de las propuestas
	Reglamento	Emitido por el Ministerio de Justicia
		Regula la publicación y difusión de las propuestas regulatorias y reglamentos
	Manual de técnica legislativa	Emitido por el Ministerio de Justicia
		Provee orientación jurídica al redactar los regulaciones

Fuente: OECD, 2016[2].

Al emitir regulaciones, una práctica común entre los ministerios es redactar una propuesta, orientada por los marcos y políticas mencionados en el cuadro 1.1, y publicarla en el sitio web para consulta pública. Después de la consulta, el jefe de ministerio o dependencia lo aprueba. Para los ministerios, los viceministros también necesitarán aprobar el borrador antes de enviarlo al ministro. En los casos en que los borradores de regulaciones requieran aprobación de tres o cuatro ministerios u organismos, la propuesta debe enviarse a la PCM para que la analice el Consejo Coordinador Viceministerial (CCV) o la adopte el Consejo de Ministros antes de enviarla al presidente de la República para su aprobación final. Todas las propuestas aprobadas se publican en el diario oficial El Peruano (OECD, 2016[2]).

Encuadro 1.2. Estudio de la OCDE de Política Regulatoria en Perú

En 2016, la OCDE realizó un estudio de política regulatoria en Perú para evaluar las políticas, instituciones y herramientas empleadas por el gobierno y los órganos reguladores en el país para diseñar, implementar y hacer cumplir regulaciones de gran calidad. Este estudio formó parte del Programa País OCDE-Perú junto con otros cuatro estudios de política pública sectorial en Perú.

El informe ofrece una evaluación general del contexto político de la reforma regulatoria efectuada por los órganos de vigilancia y las agencias regulatorias en el país. Reconoce el avance logrado hasta la fecha, incluidas las numerosas herramientas y actividades —como un amplio programa de simplificación administrativa— utilizada para mejorar el entorno regulatorio en el país. El informe también subraya los retos y mejoras que permanecen a fin de lograr un marco regulatorio de primera categoría y ofrece un conjunto de recomendaciones y los siguientes pasos, que incluyen:

- establecer un **órgano de supervisión regulatoria** como medio para lograr mayor coherencia en actividades y herramientas de políticas regulatorias entre ministerios, dependencias y oficinas;
- emitir una **declaración de principios** —ya sea mediante una ley o un documento legal vinculante— sobre política regulatoria con objetivos, estrategias y herramientas claros, al gestionar todo el ciclo de gobernanza regulatoria;
- medir las **cargas administrativas** creadas por las formalidades y los requerimientos de información;
- hacer de las **inspecciones y el cumplimiento de las regulaciones** una parte integral del marco de política regulatoria, incluyendo la elaboración de un conjunto de lineamientos relacionados con el comportamiento ético y la prevención de la corrupción;
- promover un **marco regulatorio nacional coherente** que fomente activamente la adopción y uso de herramientas regulatorias y el intercambio de mejores prácticas.

Asimismo, el informe ofrece un breve panorama de los mecanismos de gobernanza de los reguladores y sus interacciones con el gobierno central. Resalta aspectos relacionados con el grado de independencia ejercido por los reguladores en el presupuesto y la toma de decisiones, sus mecanismos de transparencia y rendición de cuentas, así como una descripción general de las herramientas de política regulatoria aplicadas. Se considera que los reguladores económicos implementan herramientas más complejas que otros órganos de gobierno y han mejorado paulatinamente su adopción e implementación.

Después del informe, la Presidencia del Consejo de Ministros (PCM) ha sido proactiva en el desarrollo de iniciativas y en coordinar con los ministerios y órganos reguladores para mejorar el marco nacional regulatorio. Por ejemplo, en 2017, la PCM desarrolló un conjunto de lineamientos para el análisis de la calidad regulatoria de los procedimientos administrativos para mejorar el entorno regulatorio para ciudadanos y empresas. Los lineamientos tienen por objeto guiar a los órganos de gobierno bajo su ámbito de competencia para identificar, reducir y medir las cargas administrativas creadas por las formalidades y los requerimientos de información a nivel local y nacional.

Fuente: OECD, 2016[2].

Contexto del sector y principales reformas regulatorias

La ley de telecomunicaciones promulgada en 1991 creó el OSIPTEL como regulador económico para encabezar la transformación y modernización del sector telecomunicaciones y, en 1994, sustituyó a la Comisión de Regulación Tarifaria de Telecomunicaciones. La privatización de dos empresas telefónicas estatales, la Compañía Peruana de Teléfonos (CPT) y la Empresa Nacional de Telecomunicaciones (ENTEL), en 1994, también allanó el camino hacia la modernización del sector telecomunicaciones peruano[8].

Antes de la creación del OSIPTEL, la cobertura limitada e ineficiente de los servicios de telecomunicaciones era un problema, sobre todo en zonas rurales. Durante sus primeros años de operación, los objetivos del OSIPTEL fueron incrementar la inversión, la cobertura geográfica y la calidad de los servicios. También estableció los primeros marcos de protección al consumidor para el sector, incluyendo información sobre el diseño de las plataformas de servicio a los usuarios, así como los plazos máximos para solucionar problemas del servicio. La meta general del regulador y del gobierno de mejorar los servicios en zonas rurales fue respaldada con la creación del Fondo de Inversión en Telecomunicaciones (FITEL) (véase encuadro 1.3).

Encuadro 1.3. Fondo de Inversión en Telecomunicaciones (FITEL)

El Fondo de Inversión en Telecomunicaciones (FITEL) se estableció mediante el Decreto Supremo de la Ley de Telecomunicaciones Peruanas No. 013-93 en 1994, y originalmente lo administraba el OSIPTEL. En 2006, el Fondo fue transferido del OSIPTEL al Ministerio de Transportes y Comunicaciones (MTC). El FITEL tiene por objeto facilitar el acceso universal a los servicios esenciales en zonas rurales y lugares de interés social[1].

El FITEL es administrado por un órgano de toma de decisiones formado por tres miembros: el presidente es el ministro de Transportes y Comunicaciones, y los otros miembros son el ministro de Economía y Finanzas y el presidente del OSIPTEL. El FITEL cuenta con 120 elementos que formulan, promueven y supervisan las políticas. El MTC establece las políticas, mientras que la formulación se guía por los principios del MEF que requieren viabilidad social y económica, así como un beneficio para el país. La promoción también se hace de conformidad con las normas establecidas por el MEF.

El Fondo subsidia la instalación, operación y uso de los servicios públicos de telecomunicaciones en las zonas rurales para lograr acceso universal. Obtiene 1% de los ingresos brutos de los operadores de servicios y *carriers* en el sector telecomunicaciones, así como las multas recaudadas por incumplimientos o violaciones. En 2018, el presupuesto total para el FITEL fue de casi 400 millones de PEN.

Los proyectos financiados por el FITEL incluyen proyectos de telecomunicaciones y estudios presentados por ProInversión a través de un concurso o licitación público. Estos proyectos pueden enfocarse en actividades relacionadas con inversiones en infraestructura, operación, mantenimiento y supervisión, desarrollo de habilidades, procura y compra de equipo o tecnología nuevos. La persona natural o jurídica que requiera el menor subsidio gana el proceso de licitación (OSIPTEL, 2014[10]).

Los proyectos se jerarquizan de acuerdo con un plan anual. El OSIPTEL asiste a juntas mensuales con el órgano decisorio del FITEL, lo que permite presentar propuestas de proyectos para recibir aprobación y financiamiento. A la fecha, el FITEL ha realizado más de 27 proyectos en el país; ejecutaron 11 proyectos al mes de agosto de 2018 (fase de inversión), la mayoría enfocados a mejorar la conectividad del ancho de banda en zonas seleccionadas (FITEL, 2018[11]) para ofrecer internet para efectos de salud, educación y seguridad.

Los proyectos se implementan valiéndose de Alianzas Público-Privadas (PPP) o Proyectos en Activos; esto permite a los ministerios, gobiernos regionales o locales promover la inversión privada de activos que son propiedad del Organismo Promotor de la Inversión Privada (OPIP) respectivo. En los proyectos implementados conforme a este último esquema, el OSIPTEL no puede emitir opiniones sobre temas que se superponen con sus atribuciones, es decir, contratos de concesiones, tarifas, calidad del servicio, instalaciones esenciales y competencia. El OSIPTEL también puede tener como tarea la creación de regulaciones *ad hoc*, de acuerdo con proyectos específicos. Más aún, para los proyectos de telecomunicaciones implementados de conformidad con este esquema, la responsabilidad de supervisar la calidad de los servicios se le asigna al FITEL, con lo que se corre el riesgo de duplicar esfuerzos con el OSIPTEL que supervisa la calidad del servicio en todas las demás áreas del sector telecomunicaciones.

1. Las zonas rurales elegibles se basan en la definición proporcionada por el Instituto Nacional de Estadística e Informática (INEI): 1) tienen menos de 3 000 habitantes (conforme a la medición del INEI); 2) hay escasez de servicios básicos; y 3) su densidad telefónica es menor de 2%. Los lugares de interés social incluyen: 1) centros demográficos que ocupan del primero al tercer quintil del mapa de pobreza, según lo define el Fondo de Cooperación para el Desarrollo Social (FONCODES); 2) no cuentan al menos con un servicio público para servicios esenciales de telecomunicaciones; 3) tienen menos de una línea telefónica pública por cada 500 habitantes; o 4) son localidades situadas en distritos fronterizos (MTC, 2010[12]).

Fuente: (MTC, 2010[13]); (OSIPTEL, 2014[10]), (FITEL, 2018[11]); (MEF, n.d.[14]); (MTC, 2010[12]).

En la década de 1990 los usuarios tenían que pagar la llamada iniciada y la recibida, lo que restringía muchísimo la expansión de los servicios de telecomunicaciones. Con base en análisis y consultas, el OSIPTEL introdujo en 1996 un nuevo sistema de tarifas que trasladó el costo a la persona que llamaba para los servicios fijos y móviles (OSIPTEL, 2014, p. 68[10]). Esta reforma provocó un incremento en el tráfico de móvil a móvil y de fijo a móvil, así como la reducción de tarifas a mediano plazo. Después de la llegada de nuevos operadores al mercado fijo, el OSIPTEL estableció una fórmula de tarifas tope que redujo los precios sobre una base trimestral y, a través de un factor de productividad, transfirió a los usuarios los aumentos de eficiencia obtenidos por la empresa. Varias reformas siguieron el mismo camino, incluso las que regulan las llamadas de larga distancia, los teléfonos públicos y el cobro de cargos.

Durante la primera década, el mandato del OSIPTEL se centró en la transición a un mercado de telecomunicaciones liberalizado al promover la competencia y facilitar la entrada de nuevos operadores al mercado. Hasta principios y mediados de la década de

2000, varias compañías ingresaron al mercado móvil, a saber: TIM, Nextel, Bellsouth y América Móvil. TIM fue adquirida luego por América Móvil, y Telefónica compró Bellsouth. En 2018, América Móvil y Telefónica se mantienen en el mercado, mientras que en 2014 Nextel se transformó en ENTEL y Viettel entró al mercado peruano.

La expansión de los operadores fue parte de un mayor esfuerzo por expandir los servicios, en especial en el sector móvil, que duró de 2005 a 2014. En este periodo, la cantidad de distritos con cobertura pasó de menos de 500 a más de 1 500. Después de esto, el mandato del OSIPTEL cambió a una política regulatoria concentrada en fortalecer la competencia a través de las condiciones de acceso y el establecimiento de precios de las instalaciones esenciales para promover un rápido y eficiente ingreso al mercado. En fechas más recientes, este mandato se ha enfocado en la promoción de la competencia en los mercados móviles y la reducción de barreras para el ingreso, concretamente respecto a la reducción de costos para los consumidores al cambiar de proveedor. Este mandato se refleja en el actual eslogan del regulador: "Promovemos la competencia y empoderamos al usuario".

Aun después de los esfuerzos del OSIPTEL, hubo muchas áreas sin cubrir. Por tanto, otras importantes reformas del marco regulatorio hechas por el OSIPTEL incluyen las relacionadas con la política de banda ancha de 2012 por medio del establecimiento de la Red Dorsal Nacional de Fibra Óptica (RDNFO) y la promoción de las conexiones de banda ancha. La gráfica 1.3 es una descripción de otras importantes reformas implementadas por el OSIPTEL para mejorar el desempeño del sector.

El sector telecomunicaciones peruano atravesó uno de los procesos de modernización más dinámicos en el país, ligado a la aparición y crecimiento de nuevos servicios (telefonía móvil e internet) y la llegada de nuevos proveedores al mercado. A 2018, había cinco grandes y más de cien medianos y pequeños prestadores de servicios de telecomunicaciones, siendo Telefónica el mayor actor y líder en telefonía móvil. El cuadro 1.2. muestra el número de usuarios para los subsectores en 2018, la gráfica 4 muestra la evolución de la concentración del mercado para la telefonía móvil en 2014-17, y la gráfica 1.4 demuestra el crecimiento de las líneas fijas y móviles de 1994 a 2018. Las estadísticas de la ONU muestran que la población de Perú en 2017 era de más de 32 millones, mientras que el número de hogares era 8.3 millones (Euromonitor International, 2018[16]).

Cuadro 1.2. Usuarios por subsector de telecomunicaciones (marzo 2018)

Subsector	Número de usuarios
Líneas móviles	40 020 419
Internet móvil	22 920 990
Teléfono fijo	2 930 161
Internet fijo	2 350 218
Televisión de paga	1 979 762

Notas: Al redactar este informe no se disponía de datos sólidos sobre internet móvil. De acuerdo con Euromonitor International (2018[16]), la población total aproximada de Perú en 2017 era de 32 millones de habitantes.
Fuente: Información proporcionada por el OSIPTEL, 2018.

Gráfica 1.3. Reformas mayores para promover la competencia en el sector telecomunicaciones

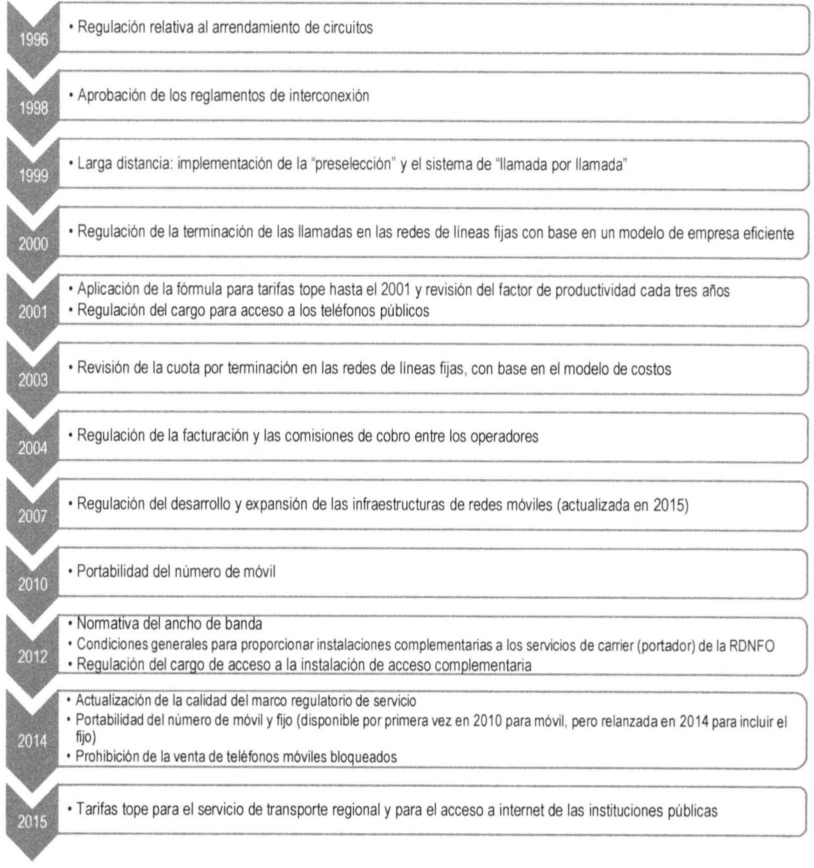

Fuente: OSIPTEL, 2014[15].

Gráfica 1.4. Evolución de la concentración del mercado en telefonía móvil, 2014-17

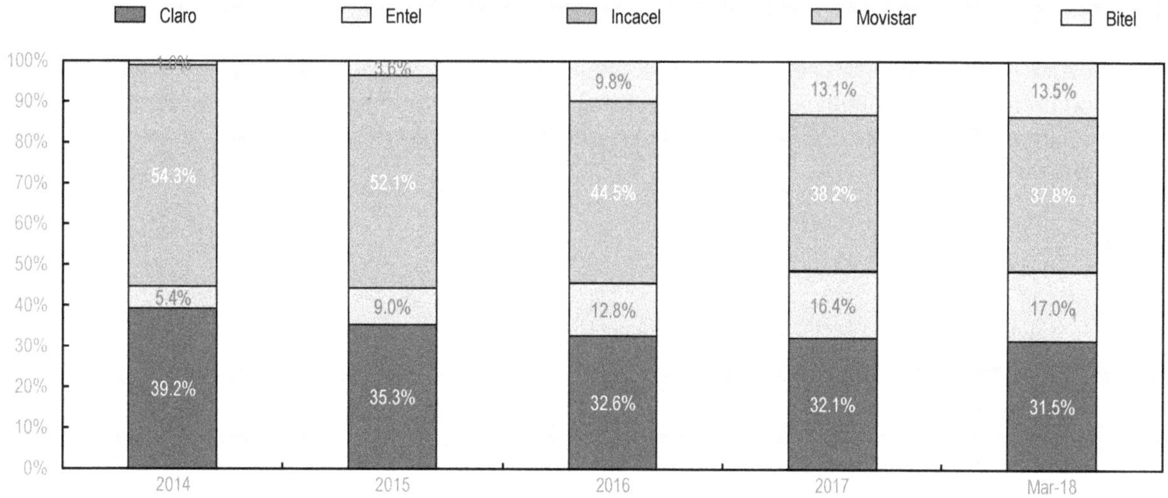

Fuente: OSIPTEL, 2018[17].

Gráfica 1.5. Aumento de líneas fijas y móviles en servicio en Perú, 1994-2013

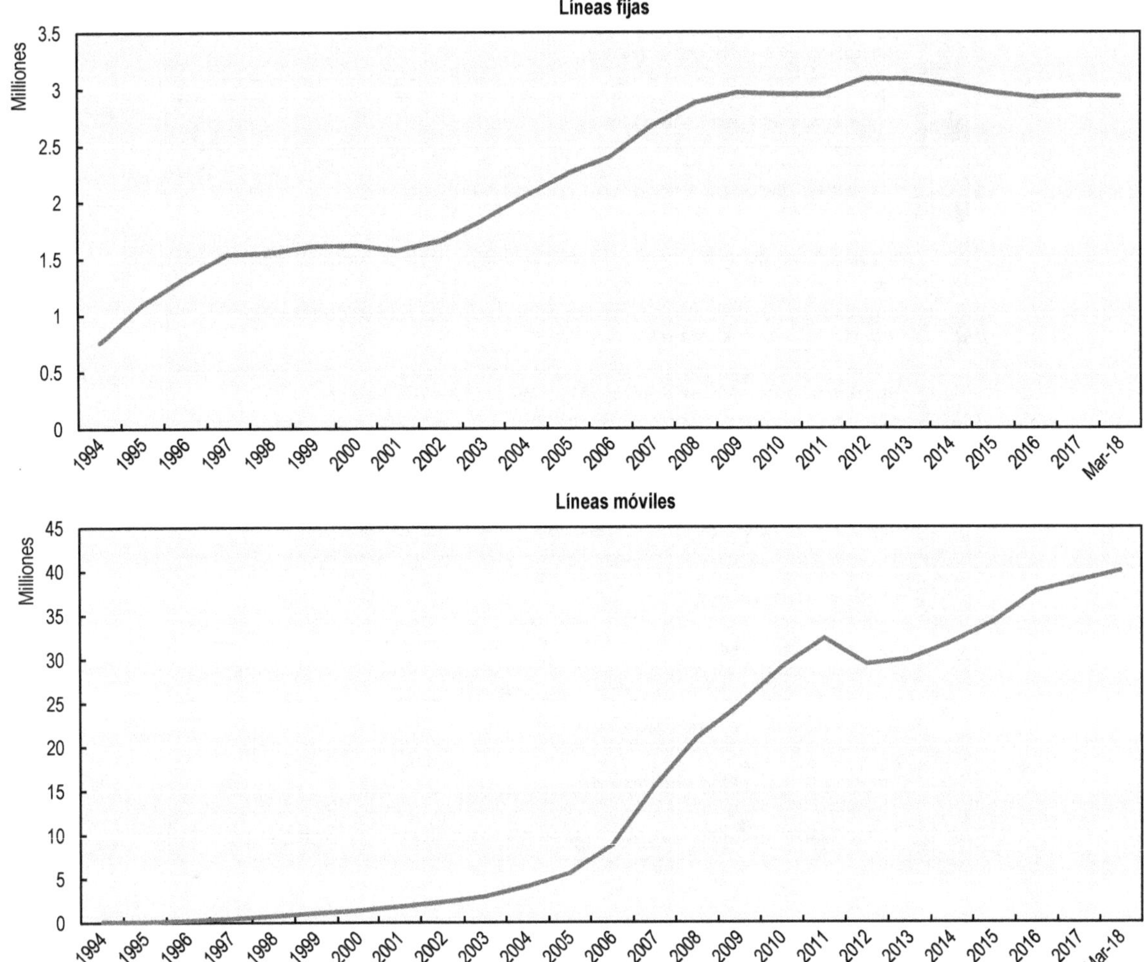

Fuente: OSIPTEL, 2014[15].

La penetración del móvil es particularmente alta en zonas urbanas. En contraste, sigue una brecha urbana-rural en función del acceso a los servicios fijos o fijos a móviles, debido al difícil entorno geográfico, así como al tamaño del país y la ubicación remota de las comunidades más pequeñas y más aisladas. La población rural ha disminuido en términos relativos y representa 22.5% del total de la población peruana en 2017, comparada con 28% en 2007.

Notas

[1] Algunos órganos del sector público están exentos de las políticas de SERVIR, como lo define el Decreto Legislativo No. 1023.

[2] Véase más: https://www.mef.gob.pe/es/evaluaciones-de-impacto

[3] El regulador funcionó como OSINERG hasta 2007, cuando se amplió para cubrir el subsector de minería; entonces cambió el nombre a OSINERGMIN.

[4] SUNASS fue creada por el Decreto Legislativo No. 25965 del 19 de diciembre de 1992; el OSIPTEL por el Decreto Legislativo No. 702 del 11 de julio de 1991; el OSINERGMIN por el Decreto Legislativo No. 26734 del 31 de diciembre de 1996; y el OSITRAN por el Decreto Legislativo No. 26917 del 23 de enero de 1998.

[5] El Indecopi fue creado por la Orden Ejecutiva No. 25868 de noviembre de 1992. La Ley No. 27444 y el Decreto Legislativo No. 1256 son la base legal para su metodología y enfoque.

[6] La única excepción en los sectores regulados es el de telecomunicaciones, donde las facultades de la ley de competencia le corresponden en cambio al regulador económico (OSIPTEL).

[7] El artículo 110 de la Ley No. 29571, Código de Protección y Defensa del Consumidor. El límite para las micro y pequeñas empresas es 10 y 20%, respectivamente, de las ventas o del ingreso bruto recibido.

[8] Antes de 1994, la CPT prestaba servicios de telefonía al área metropolitana de Lima y ENTEL nacionales e internacionales (OSIPTEL, 2014[15]).

Referencias

CEPLAN (2018), *Politicas y Planes*, http://www.ceplan.gob.pe/politicas-y-planes/ (acceso 22 de junio 2018). [3]

CEPLAN (2018), *Qué es el Sinaplan?*, http://www.ceplan.gob.pe/sinaplan/ (acceso 22 de junio 2018). [4]

Congreso de la República (2017), *How does a bill become a law?*, http://www.congreso.gob.pe/eng/legislative_process/ (acceso 26 de junio 2018). [7]

Congreso de la República (2017), *Legislative Process*, http://www.congreso.gob.pe/eng/legislative_process/ (acceso 26 de junio 2018). [9]

Euromonitor International (2018), *Peru Country Factfile*, https://www.euromonitor.com/peru/country-factfile (acceso 29 de agosto 2018). [16]

FITEL (2018), *Estado de los Proyectos del Fitel*, http://www.fitel.gob.pe/pg/proyectos-supervision.php (acceso 22 de junio 2018). [11]

MEF (n.d.), *Proyectos en Activos*, https://www.mef.gob.pe/index.php?option=com_content&view=article&id=4437&Itemid=102247&lang=es (acceso 2 de noviembre 2018). [14]

MTC (2010), *FITEL Telecomunicaciones para áreas rurales de Perú Agenda • ¿Qué es FITEL?*, http://www.cedecap.org.pe/uploads/archivos/mesaplanesnacionales_irmamora-fitel.pdf (acceso 5 noviembre 2018). [13]

MTC (2010), *FITEL: Telecomunicaciones para áreas rurales de Perú*, http://www.cedecap.org.pe/uploads/archivos/mesaplanesnacionales_irmamora-fitel.pdf (acceso 22 de junio 2018). [12]

OECD (2016), *Multi-dimensional Review of Peru: Volume 2. In-depth Analysis and Recommendations*, OECD Development Pathways, OECD Publishing, Paris, http://dx.doi.org/10.1787/9789264264670-en. [5]

OECD (2016), *OECD Public Governance Reviews: Peru: Integrated Governance for Inclusive Growth*, OECD Public Governance Reviews, OECD Publishing, Paris, http://dx.doi.org/10.1787/9789264265172-en. [1]

OECD (2016), *Regulatory Policy in Peru: Assembling the Framework for Regulatory Quality*, OECD Reviews of Regulatory Reform, OECD Publishing, Paris, http://dx.doi.org/10.1787/9789264260054-en. [2]

OSIPTEL (2018), *Reporte Estadístico - Febrero 2018*, https://www.osiptel.gob.pe/Archivos/Publicaciones/reporte-estadistico_feb2018/files/assets/basic-html/index.html#1 (acceso 22 de junio 2018). [17]

OSIPTEL (2014), *El Boom de las Telecomunicaciones - OSIPTEL*, https://www.osiptel.gob.pe/Archivos/Publicaciones/boom_telecomunicaciones/files/assets/basic-html/index.html#1/z#noFlash (acceso 22 de junio 2018). [15]

OSIPTEL (2014), *The Telecommunications Boom*, OSIPTEL, https://www.osiptel.gob.pe/Archivos/Publicaciones/boom_telecomunicaciones/boom_telecomunicaciones_osiptel.html#6. [10]

Poder Judicial del Peru (2012), *Poder Judicial del Peru*, http://www.pj.gob.pe/wps/wcm/connect/CorteSuprema/s_cortes_suprema_home/as_Inicio/ (acceso 25 de junio 2018). [6]

Presidencia del Consejo de Ministros (2018), *Guidelines for the Regulatory Quality Assessment of Administrative Procedures*. [8]

Capítulo 2. Gobernanza del regulador de telecomunicaciones en Perú

El Marco para la Evaluación del Desempeño de los Reguladores Económicos (Performance Assessment Framework for Economic Regulators, PAFER) fue desarrollado por la OCDE para ayudar a los reguladores a evaluar su propio desempeño. El PAFER estructura los indicadores del desempeño en un marco de insumos, proceso, rendimiento y resultados. En este capítulo se aplica el marco a la gobernanza del Organismo Supervisor de Inversión Privada en Telecomunicaciones, OSIPTEL, y se examinan las características, oportunidades y desafíos que enfrentan los órganos reguladores para desarrollar un marco de evaluación de desempeño efectivo.

Rol y objetivos

El Organismo Supervisor de Inversión Privada en Telecomunicaciones (OSIPTEL) fue creado el 11 de julio de 1991 por el Decreto Legislativo No. 702 con el objetivo de proteger el mercado de servicios públicos de telecomunicaciones de prácticas contra la libre competencia. Su creación fue parte de una serie de reformas estructurales a principios de la década de 1990, a medida que Perú avanzaba hacia un modelo económico liberalizado. A esta liberalización le acompañó la creación de órganos de gobierno para gestionar la nueva economía, incluidos reguladores independientes para cuatro sectores clave: telecomunicaciones, energía, agua y saneamiento, y transporte.

El OSIPTEL inició operaciones oficialmente en 1994, con la instalación de su primer Consejo Directivo. Desde entonces, el mandato del organismo ha sido regular y supervisar el mercado de telecomunicaciones en Perú. El OSIPTEL tiene autoridad para fijar la estructura de tarifas, gestionar y emitir instrumentos regulatorios, mediar y solucionar reclamos en segunda instancia administrativa y resolver las controversias entre operadores en primera y segunda instancia administrativa, así como establecer e imponer sanciones y medidas correctivas. El regulador también es la autoridad en materia de competencia para el sector de telecomunicaciones, función normalmente ejercida por el Indecopi, responsable en cuestión de competencia y protección del consumidor peruano, para la mayoría de los otros sectores de la economía del país. Al parecer, esta distinción se debe a la necesidad de contar con mayores conocimientos especializados del sector de telecomunicaciones. En el encuadro 2.1. se aprecia un resumen del marco regulatorio que rige las funciones y objetivos del OSIPTEL.

Encuadro 2.1. Marco regulatorio del OSIPTEL

El OSIPTEL se rige por las normas generales que se aplican a todos los reguladores peruanos, así como por normas específicas que rigen solo al OSIPTEL.

Normas comunes que rigen a todos los reguladores peruanos

- Ley No. 27332, Ley Marco de los Organismos Reguladores de la Inversión Privada en los Servicios Públicos (LMOR).
- Decreto Supremo No. 042-2005-PCM (Reglamento de la LMOR).

La LMOR y su reglamento establecen las características, funciones y principales normas organizacionales para los reguladores peruanos. Por ejemplo, la LMOR define a los reguladores como entidades con autonomía administrativa, funcional, técnica, económica y financiera. Además, la LMOR les otorga sus funciones generales. También establece las normas que rigen al Consejo Directivo y los Consejos de Usuarios.

Normas específicas para el OSIPTEL

- Decreto Legislativo No. 702: crea el OSIPTEL como regulador de las telecomunicaciones de Perú. El OSIPTEL vigila la eficiencia y calidad de los servicios de telecomunicaciones y protege a los usuarios y los mercados de las prácticas de competencia desleal.

- Decreto Supremo No. 013-93-TCC, Ley de Telecomunicaciones: regula las funciones generales y específicas del OSIPTEL, como la aprobación de normas para los acuerdos de interconexión.
- Ley No. 27336, Ley de Desarrollo de las Funciones y Facultades de OSIPTEL: ley que establece precisiones para las funciones del OSIPTEL, incluidas disposiciones para reforzar la supervisión y fiscalización.
- Decreto Supremo No. 008-2001-PCM, Reglamento General de OSIPTEL: ley que desarrolla la LMOR más a fondo y el reglamento de la Ley No. 27336, relativos a las funciones y a la organización interna del regulador.
- Resolución del Consejo de Administración No. 032-2002, Reglamento de Organización y Funciones: reglamento de la organización interna y de las funciones del regulador.

Fuente: análisis de la OCDE basado en la información proporcionada por el OSIPTEL, 2018.

Las principales facultades legales del OSIPTEL están indicadas en la Ley No. 27332, Ley Marco de los Organismos Reguladores de la Inversión Privada en los Servicios Públicos (LMOR), promulgada en el 2000. Esta ley permite a los reguladores supervisar, regular, establecer normas e inspeccionar la actividad en los sectores regulados. Adicionalmente, el OSIPTEL es la autoridad en materia de competencia en dicho sector (véase cuadro 2.1). En contraste, el Ministerio de Transportes y Comunicaciones (MTC) establece la política del sector y cumple algunas funciones regulatorias y de supervisión (véase cuadro 2.2).

Cuadro 2.1. Facultades y funciones del OSIPTEL

Competencia	Promueve la competencia entre operadores de telecomunicaciones al reducir las barreras para el ingreso y reducir lo que pagan los consumidores al cambiar de proveedor
Establecimiento de tarifas (reguladora)	Fija las tarifas y las normas de calidad y obligaciones para los servicios públicos en el sector telecomunicaciones
Normativa	Establece normas y reglas, define infracciones y establece sanciones
Fiscalizadora o sancionadora	Califica las infracciones e impone sanciones
Solución de controversias	Soluciona controversias en el sector telecomunicaciones. Solución de reclamos
Solución de reclamos	Actúa como segunda instancia administrativa para reclamos de usuarios
Supervisora	Supervisa que las entidades reguladas respeten las normas y regulaciones del sector emitidas por el regulador

Fuente: OSIPTEL, 2018[1].

Cuadro 2.2. Facultades y funciones del MTC

Política	Define la política del sector
Normativa	Define las normas técnicas, industriales y de servicio, expide y revoca las licencias de los operadores
Ingreso	Asigna la numeración y está a cargo de la normativa del espectro
Fiscalizadora o sancionadora	Impone medidas correctivas estructurales, investiga las violaciones a la ley e impone sanciones (en colaboración con el regulador)
Supervisora	Hace cumplir las normas y reglamentos, veta los planes de inversión de los operadores

Fuente: Información proporcionada por el OSIPTEL, 2018.

Como institución, el OSIPTEL ha tenido una evolución paulatina conforme a los cambios en el mercado-de empresas públicas con limitada competencia en los servicios básicos, a la competencia en todos los servicios- y, de 2006 al presente, la consolidación de los mercados (véase gráfica 2.1). En esto influyó un periodo de rápidos avances tecnológicos y el desarrollo de nuevos sectores en el sector de telecomunicaciones.

Gráfica 2.1. Evolución del rol del OSIPTEL en el mercado de telecomunicaciones en Perú

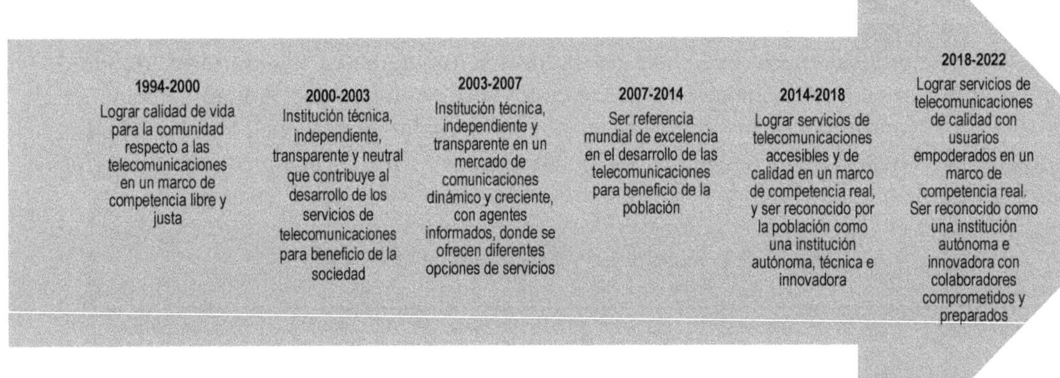

Fuente: Información proporcionada por el OSIPTEL, 2018.

Coordinación institucional

Las funciones del OSIPTEL, el MTC, el Congreso y otros órganos reguladores y de administración pública (véase cuadro 2.3) están contenidas en sus respectivas leyes orgánicas publicadas en el diario oficial El Peruano y disponibles públicamente en los respectivos sitios web de cada entidad y en el portal nacional del Estado peruano. Estas entidades pueden iniciar actividades que causan impacto en los deberes y funciones del regulador, que van desde la política nacional de seguridad del Ministerio del Interior o la política nacional de información del Ministerio de Justicia, a las legislaciones aprobadas por el Congreso que exigirán que el regulador apruebe la legislación secundaria correspondiente.

La relación entre estas entidades se rige por el principio de colaboración efectiva a través de acuerdos de colaboración interinstitucional que facilitan las actividades de coordinación y cooperación mutua[1]. No hay mecanismos de coordinación estructurados con otros organismos de la administración pública ni con los otros reguladores económicos. La coordinación suele facilitarse a través de canales *ad hoc* basados en las relaciones personales establecidas entre los altos funcionarios del OSIPTEL y otros organismos de la administración pública.

Cuadro 2.3. Órganos de la administración pública que participan en el sector telecomunicaciones en Perú

Institución	Función	Interacciones con el OSIPTEL
Congreso	Poder Legislativo unicameral formado por 130 miembros.	Tiene la facultad de pedir al OSIPTEL que comente sobre temas o proyectos de ley ya sea en el pleno o en dos comisiones permanentes: la Comisión de Transportes y Comunicaciones y la Comisión de Defensa del Consumidor y Organismos Reguladores de los Servicios Públicos (CODECO).
Presidencia del Consejo de Ministros (PCM)	Se encarga de coordinar las políticas nacionales y sectoriales en el Poder Ejecutivo	Vigila y da orientación en los procesos administrativos generales; tiene una función clave en la nominación y nombramiento de los miembros del Consejo, administra las asignaciones de presupuesto y los pagos.
Ministerio de Economía y Finanzas (MEF)	Formular la política económica y financiera de Perú, incluye la coordinación del sistema de presupuestos basados en resultados	El OSIPTEL debe informar los indicadores relativos a su Plan Operativo Institucional(POI) anual a través del sistema de presupuestos basados en resultados
Ministerio de Transportes y Comunicaciones (MTC)	Definir y formular políticas para los sistemas de transporte y el sector telecomunicaciones	El MTC estableció la política sectorial general, realiza algunas funciones reguladoras y de supervisión, y vigila diversos proyectos, como el Fondo de Inversión en Telecomunicaciones (FITEL). Puede pedir al OSIPTEL que comente asuntos o proyectos de ley y borradores de regulaciones.
Fondo de Inversión en Telecomunicaciones (FITEL)	Subsidia la instalación, operación y usa los servicios públicos de telecomunicaciones en zonas rurales y se financian con la tributación sobre los *carriers* (portadores) y operadores de servicios además de las multas cobradas por las supervisiones	El OSIPTEL participa en análisis no vinculantes relacionados con las inversiones y supervisa los contratos
Proinversión	Organismo técnico especializado adscrito al MEF encargado de la promoción de inversiones nacionales a través de alianzas público-privadas (PPP) en servicios, infraestructura, bienes y otros proyectos estatales	Puede recibir comentarios no vinculantes del OSIPTEL cuando desarrolla proyectos de inversión
Indecopi	Organismo autónomo encaminado a brindar protección del consumidor y de la competencia.	Tiene autoridad para tomar decisiones vinculantes e imponer penalidades a los reguladores o las decisiones tomadas por el OSIPTEL, así como realizar revisiones *ex post* de los regulaciones aplicadas por el OSIPTEL y bajo la jurisdicción del Indecopi.
Ministerio del Interior	Vigila temas relacionados con la seguridad nacional, incluida la defensa civil	Las nuevas leyes de seguridad nacional han dado recientemente al Ministerio requisitos y autoridad para promover la red nacional y transfronteriza y la seguridad en telecomunicaciones
Ministerio de Justicia	Vigila los asuntos judiciales en Perú	Vigila la función de los tribunales, incluido el proceso de apelaciones y revisión judicial a través del cual se pueden impugnar las acciones del OSIPTEL. Propone un procurador público para todas las instituciones públicas.

Fuente: Elaborado por la OCDE con base en la información recopilada durante la revisión2018.

El OSIPTEL recibe solicitudes de información u opiniones de cualquiera de estos organismos, pero la falta de coordinación dificulta la respuesta en un tiempo adecuado, en especial cuando hay más de una solicitud en el mismo periodo.

Para promover una colaboración efectiva, el OSIPTEL ha estado activo en la celebración de acuerdos nacionales, regionales e internacionales con distintos organismos gubernamentales y organismos reguladores de telecomunicaciones (véase cuadro 2.4).

Cuadro 2.4. Acuerdos firmados por el OSIPTEL con otros organismos reguladores de telecomunicaciones

En Perú	Región de LAC	Región fuera de LAC	Organismos internacionales
• Banco Central de Reserva de Perú • Diversos gobiernos regionales y locales • Otros reguladores (Osinergmin, OSITRAN, SUNASS e Indecopi) • Registro Nacional de Identificación y Estado Civil (RENIEC)	• Bolivia: Autoridad de Regulación y Fiscalización de Telecomunicaciones y Transportes (ATT) • Brasil: Agencia Nacional de Telecomunicaciones (ANATEL) • República Dominicana: Instituto Dominicano de las Telecomunicaciones (INDOTEL) • Ecuador: Secretaría Nacional de Telecomunicaciones (SENATEL) • Ecuador: Ministerio de Telecomunicaciones y de la Sociedad de la Información (MINTEL) • México: Instituto Federal de Telecomunicaciones • (IFT)	• Francia: *Echanges et ConsultationsTechniques Internationaux* (ECTI) • Estados Unidos: Comisión Federal de Comunicaciones (FCC) • Estados Unidos: Qualcomm	• Unión Internacional de Telecomunicaciones (UIT)

Fuente: Información proporcionada por el OSIPTEL, 2018.

Funciones

El OSIPTEL desarrolla funciones relacionadas con la promoción de la competencia, el asesoramiento a otros órganos de gobierno y la protección al consumidor en el sector telecomunicaciones. Las funciones del OSIPTEL han aumentado con el tiempo, ligadas en parte a los cambios en el sector. El MTC, el Congreso y otros órganos del Ejecutivo también añaden funciones al OSIPTEL a través de normas sin otorgar recursos adicionales para implementar estas nuevas funciones. El OSIPTEL estima que 14 de dichas funciones se les otorgaron desde 2013 (véase cuadro 2.5). El OSIPTEL gastó 5.5 millones de PEN de su presupuesto en 2017 para estas nuevas atribuciones. El OSIPTEL asumió recientemente dos funciones más: Operadores de Infraestructura Móvil Rural (OIMR) y los procedimientos para eliminar infraestructura de telecomunicaciones, y todavía no tiene un estimado de cuánto costará implementarlas.

Cuadro 2.5. Nuevas funciones encargadas al OSIPTEL desde 2013

- Supervisar las obligaciones contenidas en el contrato de concesión entre Telefónica del Perú y el Estado peruano
- Mayor monitoreo de asuntos de procura (sistema biométrico/ no biométrico) y de seguridad ciudadana.
- Regulación y supervisión de la Red Dorsal Nacional de Fibra Óptica (RDNFO).
- Regulación y supervisión de Proyectos Regionales (redes de transporte y acceso).
- Sistematización y digitalización de reclamos de los usuarios.
- Mayor carga de actividades debido a la operación del RENTESEG.
- Supervisión del bloqueo de señales de los teléfonos móviles en los penales.
- Acceso de los emisores de dinero electrónico a los servicios móviles.
- Acceso de los Operadores Móviles Virtuales (OMV) a las redes de concesionarios de telecomunicaciones.
- Operadores de Infraestructura Móvil Rural (OIMR).
- Supervisar la Regulación de Calidad y la Regulación de Cobertura (integra la supervisión de internet y la supervisión en áreas rurales).
- Obligaciones de los concesionarios para la geolocalización de equipo móvil.
- Desarrollar y monitorear el cumplimiento con la legislación de neutralidad de las redes.
- Crear un procedimiento obligatorio para eliminar la infraestructura de telecomunicaciones que puede interferir con la ejecución de trabajos de infraestructura.

Fuente: Información proporcionada por el OSIPTEL, 2018.

Funciones de competencia

Las funciones de competencia las realiza la Gerencia de Políticas Regulatorias y Competencia (GPRC), que se enfoca a promover la competencia *ex ante,* mantiene datos y efectúa análisis de competencia y desarrollo de mercado. Esto incluye desarrollar regulaciones generales para el mercado de telecomunicaciones, incluido el establecimiento de precios, tarifas y cargos de interconexión. El OSIPTEL también contempla la desregulación si considera que el problema concreto ha sido resuelto.

El OSIPTEL también realiza funciones de competencia *ex post* a través de la aplicación de las leyes de competencia al mercado de telecomunicaciones, a saber: la Ley de Represión de Conductas Anticompetitivas y la Ley de Represión de la Competencia Desleal. Estas leyes se aplican por medio de sanciones y medidas correctivas. La Secretaría Técnica también lleva a cabo investigaciones *ex officio* para detectar una conducta anticompetitiva o desleal entre operadores, las que son conocidas por los cuerpos colegiados en primera instancia y el Tribunal de Solución de Controversias en segunda instancia administrativa (véase más en la sección de Impugnaciones).

Los precios son regulados en los mercados de líneas fijas y mayoristas para crear condiciones precisas para el desarrollo de servicios públicos en el sector telecomunicaciones y garantizar la calidad y eficiencia económica. El OSIPTEL revisa la necesidad de continuar la regulación de las líneas fijas. El Reglamento General de Tarifas (RGT) y el Procedimiento de Fijación y Revisión de Tarifas Tope establecen las metodologías para establecerlas.

Cuando se regulan, las tarifas se fijan cada cuatro años, pero se revisan cada dos a petición de una entidad regulada o por cambios significativos en el mercado. La fijación se hace mediante modelos de costos basados en tarifas tope en función de los costos, en análisis comparativos internacionales, simulaciones de empresas hipotéticamente eficientes, modelos de costos de entidades reguladas o un modelo específico de necesidad concreta.

Las intervenciones regulatorias se inician en respuesta a: 1) leyes promulgadas por el Congreso; 2) solicitudes del MTC, entidades ejecutivas o actores interesados; o 3) una deficiencia de mercado detectada. Para la primera y la segunda fuentes, al OSIPTEL se le puede pedir que acepte nuevas responsabilidades sin presupuesto o contratación de personal adicionales.

Si bien el OSIPTEL es el organismo de competencia para las telecomunicaciones, algunas de estas funciones están asignadas al MTC. Esto incluye otorgar licencias a nuevos operadores en el mercado y determinar cuándo y cómo se licita el espectro. El MTC por lo general consulta al OSIPTEL respecto a las subastas de espectro para recibir una opinión no vinculante sobre las prácticas anticompetitivas. En la actualidad no hay una ley de fusiones en Perú; el único control de estas se refiere a las que implican una transferencia de espectro, y las decide el MTC con la opinión no vinculante del OSIPTEL.

Funciones de asesoramiento

El MTC puede solicitar apoyo técnico del OSIPTEL, lo que el regulador hace con regularidad y de manera informal. Los canales incluyen comentarios sobre consultas abiertas o la recepción de una petición *ad hoc* del Ministerio debido al elevado nivel de especialización técnica y capacidad del regulador acerca de determinados temas. El MTC también comenta sobre consultas abiertas del OSIPTEL. Sin embargo, las opiniones técnicas del OSIPTEL sobre las consultas del Ministerio no son de carácter vinculante y, en varios casos, el Ministerio ha actuado en contra de las recomendaciones del regulador (véase cuadro 2.6). El Congreso y otros ministerios también pueden pedir opiniones no vinculantes relativas a las medidas para restablecer o promover la competencia.

Cuadro 2.6. Decisiones del MTC sobre fusiones y asignación del espectro (2004-2018)

Año	Operadores participantes		Opinión del OSIPTEL	Decisión final del MTC
2004	Telefónica del Perú	BellSouth	A favor, con condiciones	Aprobado
2011	América Móvil	Telmex	A favor, con condiciones	Aprobado
2011 2013 (nueva solicitud)	Telefónica del Perú	Telefónica Móviles, T. Multimedia, Star Global Com	A favor, con condiciones	Aprobado
2014	Americatel	Nextel	A favor	Aprobado
2014 (transferencia pura de espectro)	Telefónica del Perú	América Móvil	Difiere	Aprobado
2015 (fusión con transferencia de espectro)	TC Siglo 21	TVS Wireless	Difiere	Aprobado
2016 (fusión con transferencia de espectro)	OLO	TVS Wireless	Difiere	Aprobado
2017 (fusión con transferencia de espectro)	TC Siglo 21	OLO	Difiere	Aprobado
2017 (fusión con transferencia de espectro)	Velatel	OLO	Difiere	Aprobado
2017 (fusión con transferencia de espectro)	Cable Vision	OLO	Difiere	Aprobado
2018 (fusión con transferencia de espectro)	OLO	América Móvil	Difiere	No aprobado
2018 (fusión con transferencia de espectro)	TVS Wireless	América Móvil	Difiere	Aprobado

Fuente: Información proporcionada por el OSIPTEL, 2018.

Funciones de protección del consumidor

La política de protección al usuario[2] la encabeza la Gerencia de Protección y Servicio al Usuario (GPSU). La GPSU emplea a 80% de su personal para atender las interacciones personales con los consumidores, y se orienta principalmente a solucionar reclamos. En esto la apoyan tres oficinas en Lima y las oficinas y centros desconcentrados en las regiones, donde la Gerencia de Oficinas Desconcentradas (GOD) aplica las políticas de la GPSU.

La GPSU se centra en proteger a los consumidores y prestar servicios a los usuarios. La protección se brinda mediante normas y el apoyo a la investigación de problemas planteados por los consumidores a través de criterios jurídicos y económicos. El criterio de la GPSU se enfoca primero en resoluciones relacionadas con la competencia y recurre a la reglamentación cuando es necesario. Todas las regulaciones tienen un régimen de sanciones establecido para incumplimientos (véase más en la sección de Supervisión, y fiscalización); las sanciones finales las decide el gerente general en primera instancia administrativa y la apelación se dirige al Consejo Directivo en la segunda instancia.

Además de estos mecanismos, la GPSU se concentra en proporcionar información para educar a los consumidores. Consideran que esto es particularmente importante en un mercado dinámico como las telecomunicaciones. Si bien hay interés, aún hay que completar los análisis conductuales de la toma de decisiones de los consumidores. Los operadores móviles tienen prohibido incluir en sus contratos cláusulas que no cumplan con las regulaciones vigentes.

La GOD está encargada de gestionar 23 oficinas regionales y 8 centros en Perú. Las oficinas desconcentradas tienen la responsabilidad de responder cuestiones de interés en la localidad, informar a los usuarios de sus derechos, brindar capacitación a empresas locales y medir la calidad de servicio en las regiones. Estas oficinas también mantienen estrecha comunicación y contacto con el gobierno local para mejorar el acceso a las telecomunicaciones y el servicio. Las oficinas de Lima están situadas cerca de la oficina principal de cada proveedor de telecomunicaciones para facilitar la presentación de reclamos de los consumidores.

La GOD tiene cinco personas en Lima y 113 personas distribuidas en las diferentes oficinas o centros regionales. En promedio, cada oficina regional emplea a cinco personas para tareas de apoyo y supervisión y hay un jefe instalado en un inmueble rentado por el OSIPTEL. Por otra parte, los centros se han establecido con base en acuerdos para compartir oficinas con gobiernos o instituciones locales. Estos centros normalmente emplean menos miembros de personal y dan apoyo en la ciudad donde están ubicados, en coordinación con el jefe de la GOD.

Las oficinas desconcentradas interactúan con el público cotidianamente. En las comunidades más remotas, los requisitos de la lengua regional (como el quechua) dificultan la interacción. La GOD está probando métodos innovadores y proactivos para comunicarse con estas comunidades, incluido el uso de presentaciones rurales y más visuales al informar sobre los derechos de los usuarios.

Planeamiento y objetivos estratégicos

La visión del OSIPTEL es lograr servicios de telecomunicaciones de calidad con usuarios empoderados en un marco de competencia efectiva. Esto incluye su reconocimiento como institución autónoma e innovadora con personal comprometido y capacitado. El OSIPTEL define tres pilares en que se apoya esta visión: calidad de los servicios, atención al cliente y competencia (véase gráfica 2.2). Su misión consiste en promover estos pilares de manera continua, eficiente y oportuna.

Gráfica 2.2. Visión y misión del OSIPTEL

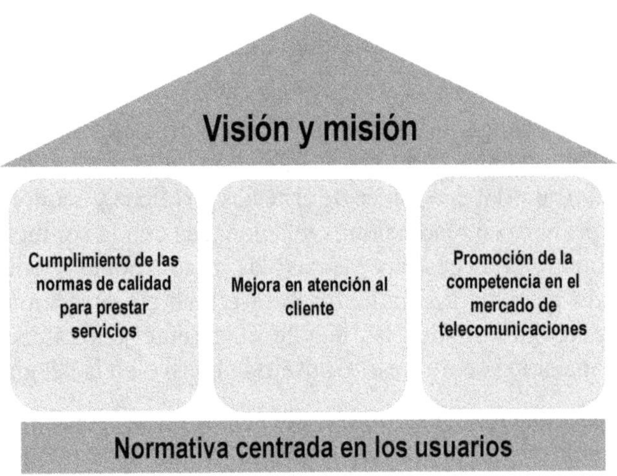

Fuente: Información proporcionada por el OSIPTEL, 2018.

El OSIPTEL elabora un Plan Estratégico Institucional (PEI) a cinco años que establece una dirección a mediano plazo para conseguir su visión y su misión. El PEI vigente corresponde al periodo 2018-2022 con siete objetivos estratégicos institucionales (OEI) separados en funciones esenciales y de apoyo (véase cuadro 2.7). Los objetivos esenciales se relacionan con la misión de la institución, mientras que los objetivos de apoyo se relacionan con la gestión y los procesos internos del OSIPTEL. El último objetivo de apoyo ("Implementar procesos para la gestión del riesgo de desastres") es obligatorio para todos los órganos públicos, según lo establecido por el CEPLAN. Esta es una evolución de su PEI previo (2014-17) que tenía tres objetivos, uno para cada área: incrementar la competencia en el mercado, mejorar la satisfacción de los usuarios y mejorar la gestión y los procesos internos.

Cuadro 2.7. Objetivos estratégicos institucionales del OSIPTEL 2018-2022

Esenciales	• Promover la competencia entre operadores de telecomunicaciones • Garantizar el cumplimiento con las normas de calidad en los servicios de telecomunicaciones, según los establecen u ofrecen los operadores • Promover la atención adecuada a usuarios por parte de los operadores • Empoderar a los usuarios de servicios de telecomunicaciones
De apoyo	• Consolidar la reputación del OSIPTEL como institución transparente y muy especializada • Consolidar el modelo de gestión del OSIPTEL hacia la excelencia • Implementar procesos para la gestión del riesgo de desastres

Fuente: OSIPTEL, 2018[1].

Para alcanzar los OEI, el OSIPTEL desarrolla acciones estratégicas institucionales (AEI) como objetivos intermedios y se reflejan en el Plan Operativo Institucional (POI) anual, el cual implementa el PEI. El POI se rige por una directriz y los plenos participativos se emplean para decidir en qué prioridades estratégicas se concentrarán en los años venideros.

Para lograr cada AEI, es necesario implementar actividades para cada objetivo, que también deben programarse anualmente en el POI. El monitoreo del POI se consigue a través del Documento de Gestión Operativa, con la meta de garantizar la ejecución de las actividades en el marco de las AEI, puesto que su logro garantiza asimismo conseguir los objetivos estratégicos y medidos según los indicadores.

El proceso y la metodología para desarrollar el PEI los establece el Centro Nacional de Planeamiento Estratégico (CEPLAN), que se encarga de vigilar el Plan Nacional de Desarrollo del Perú. El CEPLAN coordina con el OSIPTEL y garantiza que se siga la metodología correcta. En 2017, el CEPLAN emitió una nueva directriz para elaborar los planes institucionales, la cual dispone que los órganos proporcionen más información acerca del impacto en la población, así como sus efectos geográficos, es decir, efectos urbanos versus rurales. Por ejemplo, el CEPLAN requiere que el OSIPTEL justifique la forma en que el proyecto de la Red Dorsal Nacional de Fibra Óptica está afectando a comunidades e individuos específicos.

La Gerencia de Planeamiento y Presupuesto (GPP) del OSIPTEL se encarga de coordinar y trazar los objetivos estratégicos que se desarrollan de acuerdo con los objetivos principales, la misión y visión de la organización, y se presentan al presidente y al Consejo Directivo para su aprobación. La GPP coordina por medio de plenos participativos con el personal técnico de cada gerencia, la alta dirección y los actores interesados, a los que con frecuencia se consulta en una etapa posterior. Cada gerencia tiene un funcionario de planeamiento encargado de estructurar indicadores ligados a un objetivo específico, mientras que el personal técnico da un diagnóstico de la situación del mercado y de la gestión institucional. Los actores interesados incluyen a la PCM, los ministerios relacionados, los consumidores y las entidades reguladas seleccionadas. Un consultor externo, elegido por medio de competencia pública y con conocimiento de la metodología del CEPLAN, garantiza que los procesos se respeten y realiza las entrevistas con los interesados seleccionados. Los miembros del Consejo Directivo son invitados a asistir a las sesiones plenarias y revisan la versión final del PEI o el POI después de que los aprueba el presidente del Consejo.

Además, se crea un equipo técnico para apoyar el proceso del PEI y el POI. Los titulares de cada gerencia designan a dos miembros del personal para integrarlo y acompañar durante el proceso de planeamiento. Para abarcar al mayor número de miembros del personal, envían cuestionarios vía electrónica para reunir opiniones y aportes. Durante cada etapa del proceso, se celebran talleres con el equipo técnico, sesiones plenarias con los titulares de cada gerencia, el presidente del Consejo y el gerente general. Las decisiones se toman por medio de un formato de consenso, con la aprobación final del presidente.

En 2013 se introdujo la revisión anual del POI, aunque no se ha institucionalizado formalmente. Es posible hacer cambios cada año en las metas o los indicadores específicos, pero no en los objetivos de alto nivel. Las modificaciones se consideran poco comunes, ya que se necesitaría una justificación clara. El PEI y el POI se presentan en el sitio web del OSIPTEL.

Comunicaciones

El OSIPTEL potencia su transparencia a través de una estrategia de comunicaciones bien desarrollada que se implementa mediante un plan estratégico anual. El rubro de comunicaciones se dirige al Congreso, los órganos del Ejecutivo, la industria, las asociaciones industriales, las asociaciones de usuarios, los usuarios y los medios. Sin embargo, el regulador no está obligado a presentar o analizar su informe anual (véase la sección de Rendimiento y Resultados) con el Congreso para un control más riguroso. La gerencia de comunicaciones emplea:

- Boletines para la industria y el Congreso;
- Blog orientado a los círculos académicos para obtener apoyo para una interpretación común de los temas;
- Cuentas de redes sociales, como Twitter (84 000 seguidores) y Facebook (170 000 me gusta) diseñadas para divulgar información rápida, así como LinkedIn (7 000 seguidores) para relacionarse con profesionales, tales como los servidores civiles; y
- Documentos expositivos divulgados periódicamente sobre temas de interés específico.

En 2016, el regulador también invirtió en mayor visibilidad en los medios, lo que dio por resultado que se duplicara la presencia del OSIPTEL en los medios de 2015 a 2016 (de 2 831 a 3 626).

Los consumidores emplean los canales de las redes sociales para dirigir retroalimentación y comentarios al OSIPTEL sobre sus servicios, y con frecuencia son respondidos por funcionarios del organismo. Esto sucede de manera *ad hoc* y no en relación con una labor de participación formal de los actores interesados para aprovechar los medios sociales y ampliar su alcance.

La Gerencia de Comunicaciones trabaja también con la Gerencia de Protección y Servicio al Usuario para mejorar la manera de proporcionar información a los consumidores y así permitir una mejor toma de decisiones. También desarrollan una herramienta basada en tecnología móvil para que las personas informen sobre problemas con el servicio.

La Gerencia de Comunicaciones está creando un sistema de monitoreo de resultados y del impacto de sus diferentes mecanismos de comunicaciones.

Independencia

El artículo 2 de la LMOR establece el OSIPTEL como órgano regulador con autonomía administrativa, funcional, técnica, económica y financiera. El artículo 10 del Reglamento General del OSIPTEL[3] establece el principio de autonomía por el cual el organismo no está sujeto al mandato de otros órganos o entidades del Estado, pero las acciones están estrictamente supeditadas a las normas legales aplicables y deben apoyarse en estudios técnicos.

El Reglamento General subraya otros principios cuya finalidad es apoyar la independencia del OSIPTEL. El artículo 7 establece el principio de transparencia, el cual requiere que el OSIPTEL presente sus criterios para las decisiones y publique los borradores para consulta pública. El artículo 9 establece el principio de imparcialidad que requiere que el OSIPTEL pondere la equidad e imparcialidad con apego a las normas e intereses pertinentes tanto de los operadores como de los usuarios. Por último, el artículo 5 destaca el principio de no discriminación que garantiza la igualdad en el trato que el OSIPTEL da a todos los operadores.

En junio 2018, la Comisión de Defensa del Consumidor y Organismos Reguladores de los Servicios Públicos del Congreso (CODECO) discutió y aprobó a nivel de comisión un proyecto de ley para mejorar aspectos de independencia institucional de los reguladores económicos peruanos. El proyecto de ley, que fue basado en parte en investigación de la

OCDE, incluyó medidas para fortalecer la autonomía administrativa, funcional, técnica y financiera de los reguladores, así como sus mecanismos de rendición de cuentas. A noviembre de 2018, el proyecto de ley no había sido discutido en la asamblea plenaria del Congreso.

Insumos

La LMOR otorga a los reguladores una fuente independiente de financiamiento basada en las contribuciones regulatorias impuestas a los ingresos de las empresas y entidades que están en el ámbito de su jurisdicción[4]. La recaudación adicional se obtendrá de (OECD, 2016[2]):

- Pagos derivados de procedimientos administrativos incluidos en su Texto Único de Procedimientos Administrativos (TUPA).
- Donaciones, contribuciones o transferencias hechas por personas naturales o jurídicas, nacionales o internacionales.
- Intereses o comisiones por pago tardío derivados de contribuciones regulatorias (aporte por regulación).
- Intereses financieros generados a través de sus propios recursos; u
- Fuentes de multas.

Los ingresos del regulador han disminuido en los últimos años debido a la disminución de los ingresos de la industria. Si bien la recaudación proviene del sector regulado y no del gobierno central, se considera que son fondos públicos y, por ende, permiten al Congreso y al Poder Ejecutivo adoptar directrices respecto a la forma de usarlos, incluidos los requisitos para pagar fondos nacionales de desarrollo. Además, una ley de presupuesto de reciente introducción ha dispuesto que los presupuestos no ejecutados sean remitidos al Tesoro Público al final de cada ejercicio.

El OSIPTEL es bien conocido por su personal de alto nivel técnico. Al igual que otros reguladores, este organismo identifica problemas para brindar sueldos competitivos frente al sector privado. Un doble régimen laboral y la congelación de sueldos públicos desde 2006, pueden crear incentivos adversos para el personal actual y futuro. Se han desarrollado programas de capacitación y paquetes de prestaciones para ayudar a atraer y retener al personal, con éxito.

Recursos financieros

El porcentaje de contribuciones recaudadas de las entidades reguladas lo aprueba la Presidencia del Consejo de Ministros mediante un Decreto Supremo suscrito por el presidente de la PCM y el MEF. El porcentaje no puede superar 1% del ingreso anual total después de ciertos impuestos de cada empresa regulada. El Decreto Supremo No. 012-2002-PCM estableció el porcentaje de contribución en 0.5% en 2002 y ha permanecido así desde entonces. El nivel estable del porcentaje de contribución de 0.5% indica que los recursos financieros se determinan *ex ante* y no conforme al principio de recuperación de gastos que se evalúa en forma periódica.

El cuadro 2.8. presenta un panorama general del presupuesto anual del OSIPTEL en los últimos cuatro años. En los tres últimos años, el OSIPTEL ha visto un descenso general de los fondos de 19% en términos reales debido a un decremento en los ingresos de la industria. Esto está parcialmente relacionado con la mayor competencia, precios más bajos y una fusión de dos empresas importantes Telefónica y Movistar en 2014. Una gran informalidad en el sector de suscriptores de la televisión por cable en particular, también limita la capacidad del OSIPTEL para recaudar fondos. Por último, el OSIPTEL ha recibido nuevas funciones acordes con la evolución del sector o nuevas regulaciones (p. ej., la regulación de la Red Dorsal Nacional de Fibra Óptica), pero sin que se le otorguen recursos adicionales. El OSIPTEL estima que desde 2013 se han agregado 13 de tales funciones. En conjunto, esta situación ha dejado al regulador con la sensación de que sus recursos son insuficientes.

Para compensar, se ha dispuesto que el OSIPTEL solicite fondos complementarios que agregará a su presupuesto. Estos fondos se originan en las reservas que el regulador mantuvo como saldo de años previos. El MEF debe aprobar el acceso a estas reservas, así como el Presupuesto Institucional Modificado (PIM) propuesto por el OSIPTEL. Gracias a este mecanismo, en cuatro años el regulador ha ejercido dos veces un presupuesto más alto que el presupuesto inicial recibido de las contribuciones regulatorias.

Toda modificación al porcentaje de contribución debe hacerse a través de la PCM y del MEF. Esto lo intentó sin éxito el regulador en 2016, y en 2018 lo intentó de nuevo, pero el proceso de revisión se demoró debido a los cambios en el gobierno, por lo que pidieron al regulador que presentara de nuevo la solicitud.

Cuadro 2.8. Presupuesto y ejecución anual del OSIPTEL, 2014-17

Año	2014	2015	2016	2017
Presupuesto inicial (millones de PEN)	79	96	82	81
Fondos complementarios (millones de PEN)	24	8	12	12
Presupuesto Institucional Modificado (PIM, millones de PEN)	103	104	94	93
Ejecución del presupuesto inicial	120%	85%	94%	107%
Ejecución del PIM	92%	79%	82%	93%

Notas: El presupuesto inicial está compuesto con los fondos recaudados de las contribuciones regulatorias impuestas a las entidades reguladas. Los fondos complementarios son aprobados por el MEF, se agregan a las reservas del regulador y llegan al Presupuesto Institucional Modificado (PIM).
Fuente: Información proporcionada por el OSIPTEL, 2018.

Las modificaciones recientes a la ley de presupuesto han impuesto límites al uso de este mecanismo por parte del regulador. Los fondos recaudados directamente de las entidades reguladas se clasifican como "recursos directamente recaudados" (RDR), en contraste con los "recursos ordinarios" (RO), que son fondos del gobierno central. Si bien es posible que el OSIPTEL reciba fondos de RO, hasta la fecha su financiamiento solo ha provenido de contribuciones regulatorias. Anteriormente, la ley nacional de presupuesto permitía a los organismos con fondos derivados de RDR conservar los excedentes y trasladarlos a gastos futuros, mientras que los organismos con fondos de RO debían devolver cada año los excedentes al Tesoro Público. En 2017, se emitió la Ley de Equilibrio Financiero, que también dispuso que los fondos excedentes derivados de RDR se entregaran al Tesoro Público. Esta ley debe renovarse cada año con la ley nacional de presupuesto. La Ley de Equilibrio Financiero fue renovada para el año fiscal 2018[5].

Los fondos recaudados por multas y sanciones se transfieren al Fondo de Inversión en Telecomunicaciones (FITEL), mientras que las multas asociadas a contribuciones de entidades reguladas las conserva el OSIPTEL.

Gestión de los recursos financieros

En 2015, el gobierno peruano implementó, a través del MEF, un sistema de presupuesto basado en el desempeño para algunas entidades gubernamentales[6]. El OSIPTEL participa en el nuevo sistema, que requiere que los presupuestos concuerden con metas y objetivos establecidos por la institución en sus planes estratégicos institucionales (PEI) y planes operativos institucionales (POI). Esto garantiza que los órganos examinen los problemas que tratan de resolver y tengan indicadores de éxito medibles orientados a la solución de problemas. El MEF trabaja con los distintos organismos de gobierno para ayudar a diseñar mejores indicadores y los alienta a seguir la metodología y desarrollar indicadores que muestren la manera en que las acciones institucionales conducen a mejoras positivas en el sector y para la sociedad.

El OSIPTEL utilizó dos procesos presupuestales hasta 2016: un pronóstico de presupuesto trienal y un presupuesto anual. Ambos fueron creados de acuerdo con la Directriz de Programación, si bien solo el anual requería aprobación. Para 2017 y 2018, de acuerdo con el cambio al sistema de presupuestos basados en el desempeño, los programas presupuestales cambiaron a un solo presupuesto multianual que cubre tres años y requiere que el primer año se apruebe por medio de la Ley de Presupuesto Anual. Los dos años siguientes son de carácter referencial y se actualizan en forma anual. El MEF hace modificaciones de acuerdo con los trabajos de simplificación administrativa, además de ajustar el presupuesto multianual al Marco Macroeconómico Multianual.

El presupuesto multianual orienta el análisis técnico y la toma de decisiones a las prioridades indicadas en el PEI y el POI. El presupuesto incluye información sobre las metas y aportes necesarios para alcanzarlas, desglosado de acuerdo con las diversas gerencias del regulador. Esto requiere el desarrollo de actividades, tareas y subtareas, seguido del cálculo de recursos humanos y materiales. Las actualizaciones anuales se presentan al MEF y al Congreso con detalles de cómo se alcanzarán las metas previstas. Luego se implementa mediante el presupuesto anual. La meta de este proceso es garantizar que la entidad tenga suficientes recursos para el logro de sus metas y objetivos.

La Gerencia de Administración y Finanzas (GAF) coordina el proceso de presupuesto. El OSIPTEL emplea los ingresos previstos para determinar de cuánto dispondrá para realizar las metas operativas establecidas en el POI. La GAF se coordina con las diferentes gerencias internas, que establecen el monto del presupuesto que requieren para cumplir las metas que les asignaron en un periodo determinado. La GAF recopila y filtra estas demandas conforme a los recursos disponibles y las prioridades identificadas para el nuevo ejercicio, y luego la presenta al presidente del Consejo para su aprobación.

El proceso de presupuesto se coordina con el gobierno nacional a través de un sistema digital enlazado con el MEF que emplean todos los órganos gubernamentales pertinentes. La GAF sube la información al Sistema Integrado de Administración Financiera (SIAF)[7] y al Sistema de Administración Integrada (SAI)[8]. Los titulares de cada gerencia realizan las revisiones de sus equilibrios presupuestarios a través del SAI. La GAF se encarga de actualizar manualmente la información que no tiene interface automática con el sistema del SIAF.

Las asignaciones presupuestarias las supervisa la PCM, que tiene la decisión sobre algunas asignaciones administrativas, incluidas las políticas de viajes y las campañas de información pública.

Recursos humanos

El OSIPTEL empleaba a 400 personas al mes de agosto de 2018, de las cuales 80% del personal profesional contratado son economistas, ingenieros o abogados. En el cuadro 2.9 se observa un desglose del personal por ocupación, y el de personal técnico y de alto nivel por gerencia está en el cuadro 2.10.

Cuadro 2.9. Personal por categoría, 2018

Categoría	Mujer	Hombre
Alta dirección (presidente, gerente y asesores)	9	11
Personal técnico	130	152
Personal de apoyo	64	34
TOTAL	203	197

Fuente: Información proporcionada por el OSIPTEL, 2018.

Cuadro 2.10. Personal del OSIPTEL por gerencia, 2018

Gerencia	2014	2015	2016	2017	2018
Solución de controversias y apelaciones	37	36	39	37	35
Oficinas desconcentradas	75	76	71	66	45
Fiscalización y Supervisión	79	76	67	53	66
Administración y Finanzas	31	31	28	32	32
Políticas regulatorias y competencia	44	44	44	45	38
Protección y servicio al usuario	29	28	26	25	27
Información Tecnología, Comunicaciones y Estadística	13	13	12	12	12
Planeamiento y Presupuesto	10	10	9	10	11
Comunicaciones Corporativas	8	9	8	8	6
Asesoría Legal	10	9	10	8	9
Gestión General	9	8	7	7	8
Ministerio Público	5	5	5	5	6
Presidencia del Consejo	3	2	2	2	3
Oficina de Auditoría Interna	6	5	7	4	4
Personal de apoyo	67	71	61	99	98
Total de la plantilla	426	423	396	413	400

Nota: Todas las categorías de personal que no sea de apoyo se consideran personal profesional.
Fuente: Información proporcionada por el OSIPTEL, 2018.

Reclutamiento

El presidente del Consejo es nombrado para un periodo de cinco años por la Presidencia del Consejo de Ministros. El gerente general le reporta directamente al presidente del Consejo. Algunos puestos de alta dirección son designados por el presidente del Consejo, sin límites de plazo, como "puestos de confianza". Estos incluyen al gerente general, gerente de Administración y Finanzas, Comunicaciones Corporativas, asesor legal, asesor del presidente y Secretaría del Consejo. El presidente puede destituir en cualquier momento a quienes ocupan los puestos de confianza. El nuevo régimen laboral de SERVIR (véase más a continuación) limita los puestos de confianza a 5% del personal total. Si bien SERVIR no se ha implementado por completo, el Decreto Supremo No. 084-2016-PCM establece que la regla de 5% está en plena aplicación hasta que se implemente SERVIR. El OSIPTEL tiene hoy solo 1.5% del personal en puestos de confianza.

Los puestos de alta dirección restantes tienen límites de plazo indeterminados después de atravesar un proceso de reclutamiento habitual y de ser designados por el presidente del Consejo. La restructuración en progreso del organismo convertirá el puesto de jefe de Recursos Humanos, actualmente bajo el mando del gerente de Administración y Finanzas, en uno de alta dirección para incrementar y mejorar las políticas y prácticas administrativas de recursos humanos.

El proceso de reclutamiento habitual se basa en un modelo de aptitudes que toma en cuenta las habilidades institucionales y personales requeridas para el puesto. El OSIPTEL tiene como objetivo reclutar a nuevos empleados que respondan a las necesidades técnicas del órgano y puedan adaptarse a su cultura institucional. El modelo identifica estas habilidades y las clasifica de acuerdo con las categorías profesionales y funcionales (véase gráfica 2.3). El modelo de habilidades también se usa como herramienta de gestión para capacitación y revisión del desempeño.

Los resultados de cada etapa se publican en el sitio web del OSIPTEL. El gerente de contrataciones manda un informe basado en resultados, con la recomendación de contratar al candidato que obtuvo la puntuación más alta, al gerente general, quien entonces toma la decisión final.

Gráfica 2.3. Modelo de habilidades del OSIPTEL para reclutamiento

No.	MATRIZ DE COMPETENCIA osiptel	Analistas de call center / promotor - asesor / asesores de call center*	Supervisores de *call center*	Asistentes y secretarios	Profesionales	Coordinadores generales	Subgerentes	Gerentes
	COMPETENCIAS INSTITUCIONALES							
1	EXCELENCIA	C	B	C	C	B	A	A
2	INTEGRIDAD	C	B	C	B	B	A	A
3	INNOVACIÓN Y PENSAMIENTO ANALÍTICO	C	B	C	C	B	A	A
	COMPETENCIAS ESPECÍFICAS							
1	LIDERAZGO Y COMUNICACIÓN EFICAZ	C	B	C	C	B	A	A
2	PLANEAMIENTO Y ORGANIZACIÓN	C	B	C	B	B	A	A
5	COMPROMISO Y TRABAJO EN EQUIPO	C	B	C	C	B	A	A

COMPETENCIAS POR GRUPO OCUPACIONAL	Analistas de call center / promotor - asesor / asesores de call center*	Supervisores de call center	Asistentes y secretarios	Profesionales	Coordinadores generales	Subgerentes	Gerentes
COMPETENCIAS INSTITUCIONALES	3	3	3	3	3	3	3
COMPETENCIAS ESPECÍFICAS	3	3	3	3	3	3	3
TOTAL	**6**	**6**	**6**	**6**	**6**	**6**	**6**

Matriz de competencia

No.	Competencia	Visión cultural	Referencias
		Competencias institucionales	
1	Excelencia	Competitivo	Hacer esfuerzo especial
2	Integridad	Competitivo	Probidad y conducta ética
3	Innovación y pensamiento analítico	Innovación / Competitivo	Iniciativa y nuevas herramientas / logro de objetivos
		Competencias específicas	
1	Liderazgo y comunicación efectiva	Colaborativo	Facilitar y guiar / crear confianza entre las personas
2	Planeamiento y organización	Competitivo	Facilitar procesos y tareas
3	Compromiso y trabajo de equipo	Innovador / Colaborativo	Estimular la iniciativa / promover el trabajo de equipo

Nota: * Personal que trabaja directamente con los usuarios (en el lugar y por teléfono).
Fuente: Información proporcionada por el OSIPTEL, 2018.

El OSIPTEL cuenta con un Manual de Organización y Funciones que expone las principales funciones y responsabilidades de los diferentes puestos dentro del organismo y describe el perfil profesional requerido para cada puesto. El Ejecutivo no puede nominar a los candidatos preferidos ni anular las decisiones del OSIPTEL.

Los miembros del personal reclutados se consideran servidores civiles y, por lo tanto, siguen las normas definidas por la Autoridad Nacional del Servicio Civil (SERVIR). Las autoridades reguladoras emplean dos regímenes laborales. El primero es el régimen de la Ley 728, que es un régimen privado no ofrecido comúnmente en las entidades públicas (que siguen, por ejemplo, el régimen de la Ley 276). La Ley 728 ofrece un contrato por tiempo indefinido con todos los beneficios. El número de puestos es fijo; esto significa que el reclutamiento conforme al régimen 728 solo se puede hacer cuando queda vacante un puesto de la modalidad 728. Más aún, el OSIPTEL debe informar al Ministerio de Economía y Finanzas cuando contrata a un nuevo empleado en la modalidad 728, lo que puede demorar el proceso de contratación.

A los miembros del personal restantes les corresponde el régimen de la Ley 1057 para Contratos Administrativos de Servicios (CAS), régimen del sector público que ofrece empleo no permanente con un contrato de seis meses de plazo fijo que puede renovarse sin límite. Los contratos del segundo semestre del año deben terminar en diciembre y renovarse en enero. Los CAS también ofrecen menos beneficios laborales, como seguros o pensiones, en contraste con el régimen 728. Esto reduce la competitividad de los contratos ofrecidos por OSIPTEL en comparación con el sector privado. Al mes de agosto de 2018, 280 miembros del personal trabajan de conformidad con la Ley 728 y 200 conforme a los CAS.

Un nuevo régimen laboral introducido por SERVIR en 2013 fusiona las diversas categorías de empleo público en una. Migrar al nuevo régimen es opcional para el personal que está contratado con la Ley 728, pero obligatorio para el personal que está según la Ley 1057. En cualquiera de los casos, será necesario que el miembro del personal vuelva a competir por el puesto para entrar al nuevo régimen.

La transición al nuevo régimen de SERVIR también modifica las normas que rigen la alta dirección. Por ejemplo, los altos directivos necesitarán pasar por el proceso de reclutamiento formal y todo despido requerirá la debida justificación, como por ejemplo el incumplimiento de logros en las metas individuales. También habrá límite al periodo en el cargo para los altos directivos, que será de tres años, renovable para otros dos periodos. Después de tres periodos, el funcionario debe salir del organismo. El Estudio sobre la Gobernanza Pública del Perú 2016, realizado como parte del Programa País de la OCDE, evaluó, entre otros temas, la gestión de la agenda del servicio civil profesional y la administración pública de Perú a través de la ley SERVIR (véase encuadro 2.2.).

Encuadro 2.2. Estudio de la OCDE sobre la Gobernanza Pública del Perú: gobernanza integrada para el crecimiento inclusivo

Capítulo 5. Creación de un servicio civil estable y profesional en Perú

Actualmente, los servidores civiles de Perú pertenecen a múltiples regímenes laborales y tienen complejas regulaciones. Esto se traduce en un sistema laboral público muy difícil de gestionar. Por ejemplo, más de 2 000 órganos gubernamentales establecieron más de 500 regulaciones laborales públicas y más de 400 diferentes criterios salariales.

En 2013, el gobierno peruano introdujo la nueva Ley del Servicio Civil (30057) para implementar una ambiciosa reforma del servicio civil. La ley tiene un horizonte de implementación de seis años y SERVIR está encargado de vigilar esta implementación.

La finalidad de la Ley del Servicio Civil es establecer un esquema único y exclusivo para los servidores civiles en el ámbito nacional, regional y local. Se implementará un nuevo sistema de pagos para los que pertenecen al nuevo régimen, con la intención de mejorar la transparencia y equidad en todas las entidades públicas. Además, explica la razón de ser de la normativa estratégica para la reforma del servicio civil y enfatiza el mérito y el profesionalismo.

La nueva Ley del Servicio Civil fue formulada con base en las mejores prácticas en los países de la OCDE y, una vez implementada, se prevé que tenga un impacto duradero al mejorar significativamente la organización, capacidad, profesionalismo y estabilidad del servicio civil.

No obstante, es probable que la transición al nuevo régimen tome mucho más tiempo, porque la transición no es automática. Ciertos servidores civiles pueden optar entre transitar al nuevo régimen o permanecer en el régimen previo. Más aún, los servidores civiles necesitarán postular a los puestos bajo el nuevo régimen y someterse a un proceso competitivo para ser nombrados. Si no tienen éxito, permanecerán en su antiguo puesto, conforme al antiguo régimen.

Fuente: OECD, 2016[3].

El OSIPTEL también elaboró hace poco un plan de sucesiones que identifica los puestos fundamentales y los sucesores potenciales. Esto se ha utilizado para capacitar más específicamente a los sucesores potenciales. Los planes de sucesión se desarrollaron para 12 puestos clave (todos de gestión) y 17 puestos fundamentales. La Gerencia de Administración y Finanzas identifica y evalúa a los sucesores y, por último, crea un mapa de sucesiones.

Remuneración

Los miembros del personal del OSIPTEL son remunerados de acuerdo con los límites adjudicados por el Decreto Supremo No. 172-2013-EF y refrendados por el presidente del Consejo de Ministros y el Ministro de Economía y Finanzas[9]. Los sueldos no se indexan a la inflación (véase cuadro 2.11.), y el OSIPTEL no tiene flexibilidad para fijar los sueldos fuera de estas bandas.

La remuneración del personal se fija de acuerdo con las leyes aplicables. Los lineamientos laborales y de remuneración son diferentes e independientes de los correspondientes a los servidores públicos que trabajan en los ministerios y otras entidades públicas. La Ley 728 permite al OSIPTEL tener más flexibilidad en relación con los ascensos y las perspectivas profesionales. También establece bandas salariales más altas que las consideradas de conformidad con la Ley 276 para otros funcionarios públicos.

Los cambios en las bandas salariales conforme a la Ley 728 deben ser aprobados por Decreto Supremo, mientras que los cambios en los sueldos según la Ley 1057 solo pueden darse cuando un empleado vuelve a hacer una solicitud para un nuevo contrato. Las bandas salariales no se indexan a la inflación. La última modificación a la Ley 728 ocurrió en 2013[10]. Los altos directivos son actualmente remunerados en sus respectivas bandas de pago máximo, lo que significa que no ha habido ajustes recientes a sus sueldos para satisfacer las condiciones de mercado vigentes y competir con la industria por el nuevo talento.

En respuesta parcial, el gobierno promulgó el Decreto Supremo No. 024-2018-EF en 2018, que aumenta el sueldo del presidente del Consejo Directivo a 28 000 PEN (un aproximado de 8400 USD) para que sea más competitivo con la industria.

Cuadro 2.11. Escalas salariales en los organismos reguladores de Perú (en PEN)

Categoría del puesto	Salario mínimo mensual	Salario máximo mensual
Presidente	28 000	28 000
Gerente general	15 600	15 600
Director, director asociado o asesor	14 000	15 600
Profesional I	10 700	14 900
Profesional II	7 000	11 500
Profesional III	5 100	10 400
Analista	3 400	5 700
Asistente	1 900	2 500

Nota: Por Decreto Supremo No. 172-2013-EF del 15 de julio de 2013 y Decreto Supremo No. 024-2018-EF del 9 de febrero de 2018 (para el presidente del Consejo).
Fuente: Información proporcionada por el OSIPTEL, 2018.

Retención y capacitación del talento

El OSIPTEL ha desarrollado un sistema de retención del talento que ofrece planes de beneficios clave para atraer y retener al personal. Un componente clave es el plan de seguros que amplía la cobertura a los dependientes y padres del funcionario, pero solo está disponible para el personal empleado de conformidad con la Ley 728. Debido a estos esfuerzos, el OSIPTEL aparece en la lista de "Excelente lugar para trabajar" de 2015 (*El Comercio*, 2015[4]) y registró un porcentaje de rotación de personal de 9.13% en 2017 comparado con 18% en la economía peruana (véase gráfica 2.4).

El regulador creó recientemente una comisión para la igualdad de género con el fin de determinarcómo atraer más mujeres a su fuerza de trabajo. El OSIPTEL ya implementó algunas medidas de flexibilidad para ellas, al incluir una semana adicional de licencia por maternidad (sumada a los 98 días ordenados por la ley peruana), así como normativas en general más favorables a la familia, medio día libre para los cumpleaños de los hijos, y días libres para cuidar a hijos enfermos.

Gráfica 2.4. Porcentaje de rotación de personal en el OSIPTEL, 2012-17

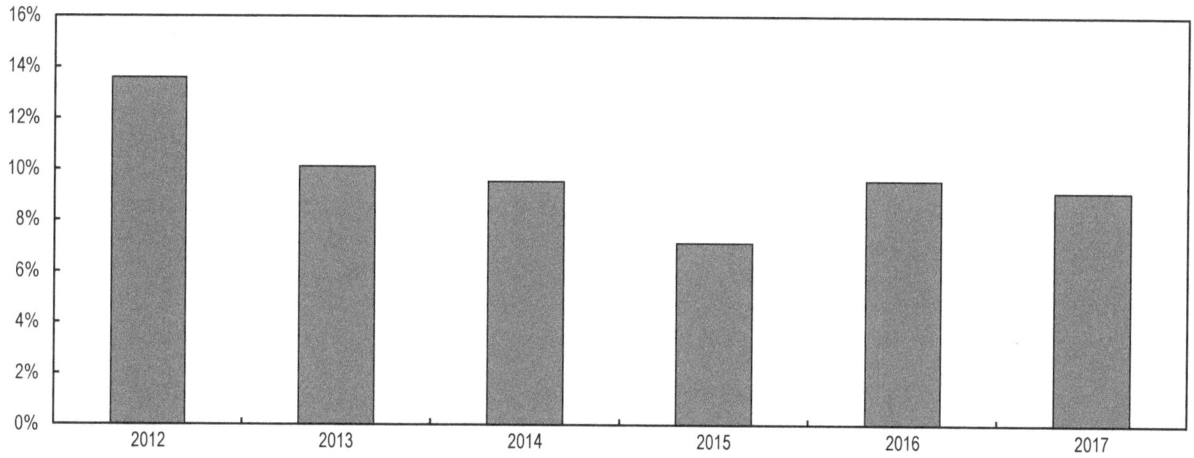

Fuente: Información proporcionada por el OSIPTEL, 2018

El OSIPTEL también ofrece un programa de capacitación diseñado para satisfacer las necesidades específicas de cada gerencia, e incluye mejorar las habilidades técnicas y subsanar las deficiencias en habilidades interpersonales (*soft skills*). El programa está diseñado en colaboración con cada jefe de gerencia y se asegura de que se tomen en cuenta todas las necesidades. El programa está vinculado al sistema de evaluación del desempeño, ya que busca ofrecer capacitación relacionada con los vacíos identificados en la evaluación del desempeño. La Oficina de Recursos Humanos de la GAF realiza cuando menos 90% de las actividades de capacitación.

El éxito del programa de capacitación se mide de dos maneras. Primera, el programa requiere que el individuo tenga una calificación promedio de 14 de 20 puntos en determinado curso para que se considere provechoso y para que el personal obtenga esta calificación en 80% de sus actividades de capacitación. Segunda, el OSIPTEL evalúa el desempeño del personal después de recibir la capacitación y se prevé que el personal mejore su desempeño cuando menos 5% al término de un año.

Los programas de capacitación para empleados públicos corresponden al campo de acción de SERVIR, como autoridad nacional de servicio civil. El nuevo régimen laboral de SERVIR también contendrá regulaciones para los programas de capacitación; sin embargo, entrarán en vigor cuando éste se implemente. Entre tanto, otras regulaciones bajo el ámbito de SERVIR han influido en el programa de capacitación del OSIPTEL. Primero, el OSIPTEL no puede ofrecer más cursos de capacitación, sino hasta que sean parte formal del nuevo sistema SERVIR. Segundo, SERVIR especifica algunas restricciones y compromisos que los beneficiarios tienen que asumir para participar, e incluyen:

- **Tipo de capacitación**: hasta 2014, el OSIPTEL podía conceder a sus empleados ayuda financiera para obtener maestrías o doctorados. Ahora ya no es posible debido a regulaciones de SERVIR, que establecen que el beneficiario no puede recibir un grado o título con la capacitación brindada. Cuando el OSIPTEL implemente oficialmente el nuevo régimen laboral de SERVIR, las regulaciones del régimen entrarán en vigor y regirán el tipo de programas de capacitación que pueden ofrecerse.

- **Compromisos de los beneficiarios**: cuando un empleado participa en el programa de capacitación, de acuerdo con regulaciones de SERVIR, tiene que asumir dos compromisos. Primero, acuerda reembolsar al OSIPTEL el dinero invertido en su instrucción en caso de reprobar el curso proporcionado. Esta cantidad se calcula de acuerdo con los costos directos, los costos indirectos y, en caso de que las clases se impartieran en horas de trabajo, el equivalente a las horas que no trabajó de acuerdo con su sueldo. Los costos directos se refieren al costo del curso en sí y los costos indirectos se refieren a las pausas para tomar café, la renta del espacio necesario para impartir las clases o algún otro gasto relacionado con estas. Segundo, tiene que convenir en seguir trabajando en la institución por un periodo determinado después de recibir la capacitación. El tiempo se define según se muestra en el cuadro 2.12.

Cuadro 2.12. Requisitos de SERVIR para empleo después de la capacitación (en USD)

Costo de la capacitación	Tiempo que el beneficiario tiene que seguir trabajando para el OSIPTEL
Hasta $420	Doble del tiempo que duró la capacitación + 30 días
Entre $420 y $840	Doble del tiempo que duró la capacitación + 60 días
Entre $840 y $1 258	Doble del tiempo que duró la capacitación + 120 días
Entre $1 258y $2 515	Doble del tiempo que duró la capacitación + 180 días
Más de $2 515	Doble del tiempo que duró la capacitación + 240 días

Fuente: Información proporcionada por el OSIPTEL, 2018.

Evaluación del desempeño

El OSIPTEL desarrolló un marco para la evaluación del desempeño relacionado con el modelo de desarrollo de talento y el sistema de retención del talento. Tiene por objeto ofrecer asesoramiento adaptado a las necesidades del personal sobre el desarrollo profesional y brindar incentivos y capacitación para subsanar las brechas técnicas.

El marco para la evaluación del desempeño está vinculado al modelo de competencias que define las habilidades específicas necesarias para alcanzar las metas estratégicas del OSIPTEL. Este modelo de competencias se emplea para contratar nuevo personal y para evaluar el desempeño del personal actual. En 2018, el OSIPTEL empezó a vincular el sistema de evaluación del desempeño con el POI para garantizar que las tareas asignadas a las gerencias o personas se correlacionen con los objetivos que necesitan lograrse en un plazo determinado.

Las evaluaciones individuales se llevan a cabo junto con los gerentes de personal y se basan en la identificación y medición de las habilidades y las metas del empleado. La evaluación de habilidades identifica las deficiencias en competencias de acuerdo con cada puesto, mientras que la evaluación de las metas permite al personal establecer, analizar y medir las metas previstas. Estas evaluaciones se emplean para ayudar a los gerentes a formular los planes de capacitación e identificar las habilidades en que es necesario mejorar o ayudar al personal a identificar otros puestos adecuados dentro del organismo.

Desde 2011, las evaluaciones del desempeño se han hecho por medio de una plataforma en línea. En 2015, el sistema se actualizó en dos formas. Primera, el proceso pasó de una evaluación de 180 grados a una evaluación de 270 grados, lo que significa que los empleados no son los únicos evaluados en el proceso, sino que a los empleados también se les insta a evaluar a sus gerentes, subgerentes y jefes. Segunda, se creó un nuevo modelo de evaluación para permitir una evaluación más objetiva de habilidades y metas.

En vista de las restricciones de remuneraciones, los empleados eficientes no son recompensados por sus logros con incentivos financieros. Como alternativa, el OSIPTEL tiene un programa de reconocimiento interno, y a los empleados eficientes los compensan con medio día libre.

Para medir el desempeño institucional, el OSIPTEL hace una Encuesta de Satisfacción del Cliente Interno (ESCI) para recoger opiniones sobre la satisfacción con los servicios prestados en las diferentes áreas, y reunir propuestas para mejorar la gestión interna y fortalecer la comunicación entre los organismos. La encuesta recoge información sobre resultados (nivel de cumplimiento con servicios recibidos), oportunidad en la atención (tiempo de respuesta y puntualidad), y actitud personal (trato, disposición y cordialidad).

Proceso

El OSIPTEL está encabezado por un Consejo Directivo y su presidente, quien toma muy diversas decisiones ejecutivas. Su Gerencia General cumple funciones técnicas respecto a la regulación, protección del usuario y supervisión, y tiene el apoyo de las funciones horizontales llevadas a cabo por distintas gerencias.

El OSIPTEL utiliza herramientas de calidad regulatoria en distintos grados, como el AIR, la participación de los actores interesados y la evaluación *ex post* para mejorar su proceso decisorio.

Estructura de gobernanza y toma de decisiones

El Consejo Directivo es la máxima autoridad en el organismo regulador y cumple en gran medida las funciones de toma de decisiones ejecutivas. El Consejo está formado por cinco miembros: cuatro de tiempo parcial y uno de tiempo completo que funge como presidente del Consejo. Actualmente, el Consejo tiene dos abogados, dos ingenieros y un economista. El cargo de los miembros dura cinco años en periodos escalonados (un nombramiento por año)[11] y pueden ser nombrados de nuevo para un periodo adicional (véase encuadro 2.3). Sin embargo, en 2018 el periodo de tres puestos del consejo está finalizando y la sustitución será simultánea, lo que puede plantear un riesgo para la continuidad en la toma de decisiones (véase cuadro 2.13). El Decreto Supremo No. 082-2018-PCM fue emitido por la PCM para extender los mandatos por noventa días. Al momento de la presente redacción, el nombramiento de los nuevos miembros se encontraba pendiente, y el Consejo Directivo actuaba con solo dos miembros activos, incluyendo el presidente.

En caso de que un miembro del Consejo salga antes de que termine su periodo, el nuevo miembro es nombrado solo por el tiempo restante. Es preciso completar las vacantes en un plazo de 30 días contados a partir del vencimiento del periodo de un miembro, aunque mediante un decreto supremo se puede prorrogar excepcionalmente por 60 días. Esto está vigente para los tres miembros del Consejo que terminan en 2018, debido a demoras en el procedimiento de nominación de los nuevos miembros.

El Consejo está encargado de fijar la dirección estratégica, desarrollar la normativa y establecer un claro proceso para cumplir el mandato del organismo. Ejercen funciones relacionadas con la promoción de la competencia y la protección del consumidor, así como con las opiniones técnicas no vinculantes emitidas cuando lo solicita el Ejecutivo o el Congreso. El Consejo también designa y destituye a miembros de los tribunales internos y actúa con facultad sancionadora en segunda instancia administrativa.

Cuadro 2.13. Historia de diez años de los miembros del consejo del OSIPTEL

Miembro	Función	Profesión	Fecha inicio	Fecha final
Rafael Eduardo Muente Schwartz	Presidente	Abogado	2017	2022
Jesús Eduardo Guillén Marroquín	Miembro del Consejo	Economista	2017	2021
Manuel Ángel Cipriano Pirgo	Miembro del Consejo	Abogado	2013	2018[1]
Jesús Otto Villanueva Napurí	Miembro del Consejo	Ingeniero mecánico y eléctrico	2013	2018[2]
Víctor Jesús Revilla Calvo	Miembro del Consejo	Ingeniero civil	2015	2018[3]
Gonzalo Martín Ruiz Díaz	Presidente	Economista	2012	2017[4]
Humberto Eduardo Zolezzi Chacón	Miembro del Consejo	Ingeniero eléctrico	2011	2016[5]
Manuel Ángel Cipriano Pirgo	Miembro del Consejo	Abogado	2013	2013[6]
Víctor Jesús Revilla Calvo	Miembro del Consejo	Ingeniero civil	2010	2013[7]
Carlos Daniel Durand Chahud	Miembro del Consejo	Ingeniero de Sistemas	2010	2011

Notas: 1, 2 y 3. Recibieron una prórroga de 90 días de acuerdo con el Decreto Supremo No 072-2018-PCM; 4, 5, 6 y 7 permanecieron 60 días naturales después de finalizados sus periodos, de acuerdo con las disposiciones del artículo 7 del Reglamento de la Ley Marco, aprobada por el Decreto Supremo No 042-2005-PCM.
Fuente: Información proporcionada por el OSIPTEL, 2018.

Encuadro 2.3. Proceso de selección del Consejo Directivo

Los criterios para seleccionar a un miembro del Consejo son:

- Ser un profesional con un mínimo de 10 años de experiencia;
- Gozar de reconocida solvencia profesional e idoneidad, gracias al menos a tres años de experiencia en un puesto de gestión ejecutiva, con conocimiento de toma de decisiones en empresas públicas o privadas; o cinco años de experiencia en asuntos relacionados con la competencia del órgano regulador; y,
- Completar estudios de maestría en asignaturas relacionadas con la competencia del órgano regulador.

Todos los miembros del Consejo son seleccionados mediante:

- Un comité seleccionador formado por un miembro propuesto por la PCM, un miembro propuesto por el Indecopi, un miembro propuesto por el MEF y un miembro propuesto por el ministerio sectorial relacionado con las actividades reguladoras;
- El presidente del Consejo de Ministros, que presenta al presidente de la República la lista final de los candidatos seleccionados; y
- El presidente de la República, quien nombra al miembro del Consejo mediante una Resolución Suprema, que será avalado por el presidente del Consejo de Ministros, el Ministro de Economía y Finanzas y el ministerio sectorial relacionado con las actividades reguladoras.

Los miembros del Consejo pueden ser destituidos debido a impedimentos legales después del nombramiento por ausencias injustificadas en dos sesiones consecutivas, a menos que estén autorizados, o en el caso de cometer faltas graves. La restricción de un año después de la separación del empleo aplicable a los empleados del regulador es aplicada también a los miembros del Consejo.

Fuente: Ley No 27332; Decreto Supremo No. 103-2012-PCM; Decreto Supremo No 014-2008-PCM; OECD, 2016[2].

Para mantener la independencia del Consejo, se prevé que la única interacción entre el Consejo y el personal del regulador se produzca durante las sesiones del Consejo y respecto a los temas tratados en esas sesiones. El proceso decisorio es el siguiente:

- Las gerencias de la Gerencia General están encargadas de proponer y mantener las cuestiones sectoriales específicas incluidas en la agenda de la sesión del Consejo, que deben tener la aprobación del Gerente General.
- Los temas propuestos en la agenda, junto con sus documentos justificativos, se ponen a disposición de los miembros del Consejo cuando menos dos días antes de la sesión.
- De ser necesario, durante la sesión, los responsables del tema propuesto dan una breve explicación del contenido de la propuesta y responden las preguntas de los miembros del Consejo.
- El Consejo adopta sus decisiones en la sesión.

El presidente del Consejo es el único miembro que tiene un puesto de tiempo completo. Los cuatro miembros restantes son remunerados para reunirse dos veces al mes (3 000 PEN, aproximadamente 900 USD), pero el presidente del Consejo o una mayoría de sus miembros puede pedirles que se reúnan adicionalmente en circunstancias extraordinarias. En estas ocasiones no reciben una remuneración adicional. Esta estructura limita la capacidad de los miembros del Consejo para examinar totalmente los asuntos, en especial cuando el Consejo tiene que examinar temas nuevos, que no son de rutina o complejos. No hay puestos de asesor para los miembros del Consejo, solamente para el presidente. Adicionalmente, los cambios en las normas de remuneraciones requieren una enmienda a la ley.

El quórum requerido para las juntas es la presencia de la mitad de los miembros y obliga a la asistencia del presidente o el vicepresidente del Consejo. Las votaciones se determinan por mayoría simple de los miembros asistentes. La agenda y la minuta de las juntas del Consejo se publican en el sitio web del OSIPTEL.

Presidente del Consejo Directivo

El Consejo Directivo está representado a tiempo completo por su presidente, quien desempeña las funciones ejecutivas del regulador. El presidente es el encargado de establecer la dirección estratégica y las funciones del Consejo, ejerce funciones ejecutivas y administrativas e informa en representación del regulador a la PCM y el MEF.

El presidente es seleccionado por medio de concurso público. Un comité de selección, formado por dos miembros de la PCM, un miembro propuesto por el MEF y uno por el MTC, propone una lista de solicitantes al presidente del Consejo de Ministros, el cual presenta al presidente de la República al candidato seleccionado. El presidente del Consejo

Directivo es nombrado por medio de un decreto supremo firmado por el presidente de la República y avalado por el presidente del Consejo de Ministros.

El presidente de OSIPTEL dirige el Consejo, implementa las decisiones tomadas por éste y representa al OSIPTEL ante las autoridades públicas y las instituciones nacionales o extranjeras. El presidente también designa o destituye al gerente general y aprueba, a propuesta de este, la contratación, ascenso, suspensión o destitución de los gerentes de línea y de los funcionarios de nivel directivo. Algunos gerentes son nombrados directamente por el presidente para puestos especiales o "puestos de confianza". Por último, el presidente aprueba el presupuesto institucional, los balances y los estados financieros, así como el Plan de Gestión Institucional y las políticas administrativas.

El presidente transmite las instrucciones estratégicas del Consejo por medio de juntas semanales con el gerente general y la alta dirección. Al presidente lo apoyan dos asesores que colaboran directamente con la oficina.

Gerente general

El gerente general se encarga de las responsabilidades legales, administrativas y judiciales del OSIPTEL. Nombrado por el presidente del Consejo a discreción y sin reclutamiento abierto, planifica, organiza, gestiona, ejecuta y supervisa las actividades administrativas, operativas, económicas y financieras. El gerente general también elabora informes anuales preliminares, presupuestos y toma decisiones de reclutamiento de altos directivos, que son aprobados por el presidente para adoptar las decisiones.

Adicionalmente, asiste a las sesiones del Consejo, pero no vota. Para los análisis correspondientes a las apelaciones de las decisiones tomadas por la Gerencia General, el gerente no asiste a la sesión.

El gerente general es apoyado por un asesor, pero tiene autoridad para solicitar el respaldo del personal de diversas gerencias. Consultores también pueden ser contratados bajo su dirección y la de la gerencia responsable. El gerente general también puede convocar a los titulares de las diversas gerencias para trabajar en proyectos especiales.

Juntos, el presidente del Consejo y el gerente general encabezan una junta semanal con la alta dirección del OSIPTEL.

Organización interna

El OSIPTEL está organizado en cinco secciones (véase el organigrama completo en la gráfica 2.5):

- **Órganos estratégicos:** Consejo Directivo, presidente del Consejo y el gerente general, antes descritos.
- **Órganos de línea:** encargados de desarrollar regulaciones, realizar supervisiones y proteger a los usuarios de acuerdo con sus deberes específicos.
- **Órganos de asesoramiento:** encargados de formular y proponer asesoramiento e iniciativas al gerente general sobre temas relacionados con la Gerencia de Asesoría Legal, la Gerencia de Planeamiento y Presupuesto y la de Comunicaciones Corporativas.
- **Órganos de apoyo:** ponen a disposición de la Gerencia General los servicios de la Gerencia de Administración y Finanzas y los relacionados con tecnologías de la información.

- **Órganos para solución de controversias y reclamos de usuarios:** encargados de manejar los reclamos de los usuarios y las controversias entre empresas, y tienen el apoyo de una secretaría técnica. Se tiene la intención de disolver el Centro de Arbitraje debido a que las empresas optan por llevar sus casos a otras instancias. Sin embargo, esto requiere una modificación de la ley.

Gráfica 2.5. Estructura organizacional del OSIPTEL

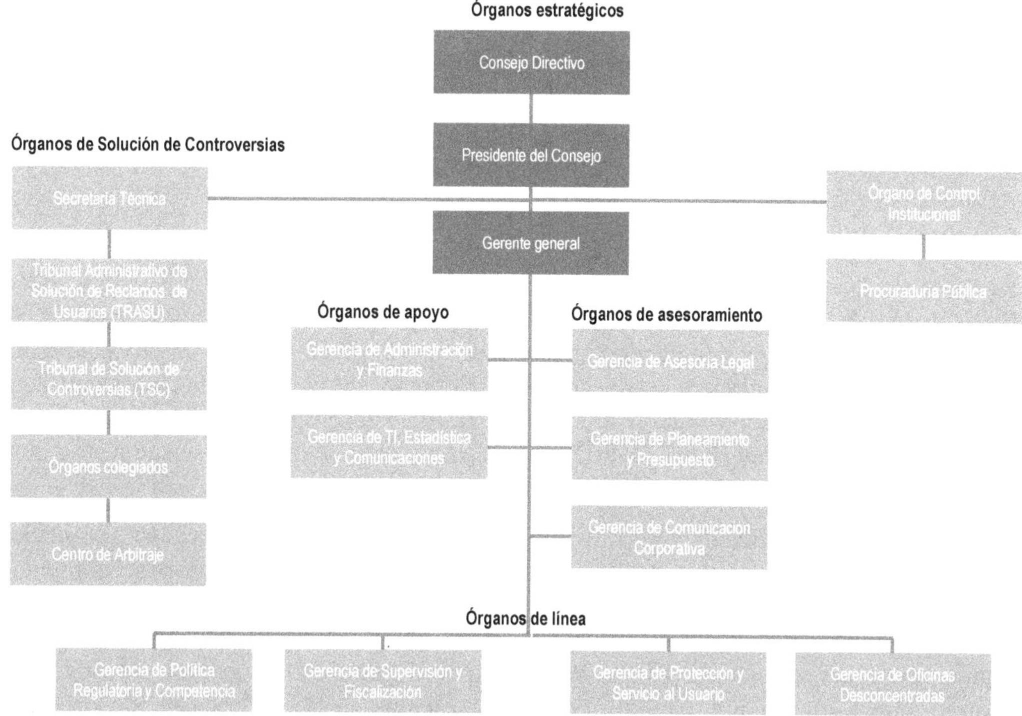

Fuente: Información proporcionada por el OSIPTEL, 2018.

La mayoría de las gerencias le reportan al gerente general, a excepción de la Secretaría Técnica, el Control Interno y la Procuraduría Pública, que informan directamente al presidente del Consejo.

El Órgano de Control Institucional (OCI) es parte del Sistema Nacional de Control y se encarga de garantizar el cumplimiento de los programas y planes anuales y el control gubernamental externo en representación de la Contraloría General de la República del Perú. La Procuraduría Pública está a cargo de la defensa legal de los intereses del OSIPTEL. Tiene autonomía para ejercer sus funciones y debe cumplir con los principios del Sistema de Defensa Jurídica del Estado.

La Gerencia de Planeamiento y Presupuesto (GPP) tiene una función coordinadora en el OSIPTEL, ya que está encargada de reunir la información obtenida en las encuestas y revisiones internas que se reportan a la Comisión de Gerentes y al presidente del Consejo. El informe final se utiliza para mejorar el desempeño en cada gerencia, sobre todo en términos de resultados, atención y actitud del personal. A los titulares de cada gerencia se les pide que entreguen comentarios, decisiones o recomendaciones al personal o área correspondiente, después de hacer una revisión del desempeño para mejorar la coordinación y colaboración con las demás gerencias.

Se ha dado gran prioridad a la obtención de certificaciones internacionales para la gestión y los procesos, incluyendo la Certificación del SGSI para ISO 27001 (sistemas de gestión de la seguridad de la información) y la certificación del SGC para ISO 9001 (sistemas de gestión de la calidad) en 2015, lo que requiere recertificación anual. El OSIPTEL también recibió el Premio Nacional a la Calidad 2016 en la categoría de sector público, en reconocimiento a su modelo de gestión, y el Premio de la Asociación de Buenos Empleadores (ABE) a la Responsabilidad Social Laboral en la categoría del Mejor Programa de Flexibilidad Laboral.

Desde 2003 también se da la práctica formal para enviar análisis preliminares sobre los borradores de regulaciones a las diversas gerencias para tener retroalimentación. Esto se hace normalmente a través de un memorándum adjunto al borrador. En 2017, el gerente general mejoró el proceso alentando a las gerencias que buscan una retroalimentación a que planteen medidas prácticas concretas, incluyendo un cronograma.

Calidad regulatoria

En 2016, la PCM emitió el Decreto Legislativo No. 1310 sobre el Análisis de Calidad Regulatoria (ACR), y un borrador de resoluciones y lineamientos en julio de 2017. Se esperan las resoluciones y lineamientos completos en 2018. El ACR es un procedimiento para evaluar regulaciones que establecen procedimientos administrativos para identificar, reducir y eliminar aquellas innecesarias, injustificadas, desproporcionadas o redundantes (Resolución Ministerial No. 196-PCM-2017). Las resoluciones y lineamientos son aplicables a todas las entidades públicas del Poder Ejecutivo.

El Decreto y los documentos justificativos requerirán que todas las entidades gubernamentales realicen los ACR de las regulaciones que establecen procedimientos administrativos. El Decreto establece tres acciones que requieren: una evaluación *ex ante* de impacto regulatorio (AIR) de los nuevos procedimientos, un examen del acervo regulatorio y una revisión del acervo regulatorio cada tres años para reducir las cargas. El decreto limita esto a los cambios de procedimientos relacionados con los procesos administrativos y no para todas las medidas regulatorias.

También se estableció una Comisión Multisectorial de Calidad Regulatoria (CCR) como órgano permanente que le reporta a la Presidencia del Consejo de Ministros. La función de la CCR es evaluar y validar los ACR efectuados por las entidades públicas del Poder Ejecutivo de acuerdo con cuatro principios: legalidad, necesidad, eficacia y proporcionalidad. La CCR emite sus observaciones y propuestas para mejorar la medida, que se envía a la entidad pública para la corrección o aceptación y que después regrese a la CCR para su validación. La CCR también puede proponer la revocación de un procedimiento administrativo si no cumple con los principios de legalidad o necesidad.

Antes de la decisión de la PCM para implementar el ACR, el OSIPTEL ha utilizado iniciativas de calidad regulatoria para mejorar la toma de decisiones y la formulación de regulaciones. El OSIPTEL es considerada la primera entidad pública que precisó estudios para cada disposición regulatoria introducida y publicó las iniciativas futuras como forma de recibir retroalimentación y sugerencias de los actores interesados privados y públicos (OSIPTEL, 2014[5]). Independientemente y en paralelo del ACR de la PCM, tres reguladores-Osinergmin, OSIPTEL y OSITRAN- desarrollaron manuales y lineamientos para evaluar los impactos de sus decisiones regulatorias. Estos manuales extendieron el alcance del análisis y aplicación de las evaluaciones para incluir un espectro más amplio de decisiones regulatorias, y no sólo aquellos que impactan en procedimientos administrativo. En enero de 2017, el OSIPTEL publicó un Compromiso de Calidad

Regulatoria que establece el marco para la buena gobernanza regulatoria y la mejora continuada de las herramientas de política regulatoria por medio de:

- La adhesión a ISO 9001 (véase más arriba).
- El uso obligatorio del AIR.
- La publicación de todos los procedimientos en el sitio web del regulador.
- El uso de Lineamientos Técnicos Regulatorios y Lineamientos de Calidad Regulatoria para estandarizar el lenguaje/estructura.

En marzo de 2018, el OSIPTEL emitió un conjunto de Lineamientos de Calidad Regulatoria que coincidieron con la publicación de los requisitos del ACR de la PCM. Estos lineamientos establecen un marco obligatorio para fortalecer las buenas prácticas de las políticas regulatorias adoptadas por el OSIPTEL en el desarrollo de sus funciones[12].

El OSIPTEL utiliza normas internacionales para informar de su desempeño y desarrollar soluciones. Desde 2013, el OSIPTEL se ha suscrito a Cullen International, una base de datos de referencia internacional, manejada desde Bélgica, que compara regulaciones de diferentes países en el sector telecomunicaciones y presenta detalles en forma comparativa. Esto se usa para formular nuevas regulaciones de acuerdo con prácticas internacionales.

Evaluaciones de impacto regulatorio

El OSIPTEL está considerado como uno de los primeros en adoptar el AIR en Perú. Antes de la publicación de sus Lineamientos de Calidad Regulatoria, el OSIPTEL realizó análisis de impacto regulatorio (AIR) en los borradores de reglamentos, pero no con una base obligatoria o sistémica y no se divulgó para uso público. Los AIR los lleva a cabo el personal técnico en todas las gerencias que proponen normas o reglamentos y tienen apoyo de la Gerencia de Asesoría Legal (GAL), que también revisa la calidad jurídica de los borradores de reglamentos. Todos los AIR en borrador los supervisa el consejero del presidente del Consejo, que depende del proceso regulatorio. El consejero desempeña esta función además de otras tareas. También tienen la facultad de bloquear y regresar los AIR insatisfactorios antes de presentarlos al Consejo.

De acuerdo con los nuevos lineamientos, los reglamentos pueden evaluarse empleando un análisis de la relación costo-beneficio, análisis de rentabilidad o análisis con criterios múltiples. Hasta la fecha, las evaluaciones efectuadas por el OSIPTEL han utilizado el análisis con criterios múltiples y el análisis de la relación costo-beneficio. El análisis de la relación costo-beneficio también deberá ser congruente con el principio de proporcionalidad y basarse en los precios de mercado.

Los AIR están incluidos en el paquete de documentos enviado al Consejo para su aprobación. Una versión simplificada comparada con la presentada al Consejo se publica en línea para efectos del proceso de consulta pública con los actores interesados. Los AIR también se incluyen en la regulación final junto con la matriz de comentarios.

Participación de los actores interesados

Las consultas públicas no son obligatorias en Perú. La única forma de consulta dispuesta por la ley es publicar las nuevas leyes y reglamentos en el diario oficial El Peruano, la página web u otro instrumento, cuando menos 30 días antes de su entrada en vigor, a fin de que los órganos públicos reciban comentarios y hagan las modificaciones necesarias.

Los reguladores económicos elaboran una matriz de los comentarios donde incorporan los de los actores interesados sobre una propuesta regulatoria. Esto se publica junto con una evaluación del regulador sobre cómo se tomarán en cuenta en el borrador de la regulación (OECD, 2016[2]).

De acuerdo con la LMOR, también se dispone que los reguladores económicos tengan uno o más Consejos de Usuarios, que sirven como mecanismo para la participación de los actores interesados en cada sector. Los miembros del Consejo son elegidos por dos años y pueden trabajar en el ámbito local, regional o nacional, dependiendo de las características del mercado. Al formar un Consejo, los reguladores publican información sobre una convocatoria a los posibles candidatos, una lista provisional de candidatos y una lista definitiva de los miembros elegidos. Los consejos de miembros pueden provenir de las asociaciones de consumidores, universidades, colegios profesionales, organizaciones sin fines de lucro y organizaciones empresariales que no tienen relación con las entidades reguladas.

A pesar de este requisito, no hay un Consejo de Usuarios activo consultado por el OSIPTEL sobre las iniciativas propuestas, en parte debido a mecanismos de incentivos deficientes para participar en un intercambio de ideas significativo. Los puestos en los Consejos no son remunerados, y el regulador no financia su funcionamiento.

En 2016, el OSIPTEL incorporó el requisito de interactuar con los actores interesados respecto a proyectos normativos por medio del sitio web del OSIPTEL, lo que incluye recopilar opiniones del público y realizar una audiencia pública cuando sea necesario. Cada gerencia a cargo de una regulación coordina el proceso de participación de los actores interesados durante el periodo de comentarios.

Algunas veces se hace una consulta informal y no obligatoria en la etapa inicial con los actores interesados externos cuando el OSIPTEL comienza el análisis de un proyecto de regulación. Durante estas consultas, el OSIPTEL puede pedirles información o retroalimentación sobre el tema, la estadística o el impacto. La retroalimentación se toma de los usuarios, empresas o actores interesados relevantes. No hay un órgano de asesoramiento, pero en ocasiones hay contacto con un grupo selecto de empresas privadas *ad hoc* para pedir opiniones al inicio del proceso regulatorio.

Durante las diversas etapas del proceso regulatorio, los operadores pueden solicitar una reunión con el Consejo Directivo o con grupos de trabajo específicos. En el sitio web del OSIPTEL se publica un resumen de la reunión, incluida la lista de asistentes. Esta práctica parece haberse reducido en 2018, ya que se ha restringido el acceso a las entidades reguladas en el análisis de los temas que están en fase de desarrollo regulatorio. Así pues, deben esperar hasta el periodo de consulta pública para hacer sus aportaciones a los proyectos de ley.

Los cambios en las tarifas y los cargos de interconexión también requieren audiencias públicas. En el caso de la regulación de tarifas, las audiencias públicas deben realizarse en tres ciudades —una en el norte, una el sur y una en el centro— y seleccionarse de acuerdo con el número de personas que utilizan el servicio regulado. Las audiencias públicas deben durar al menos 20 días. A los operadores específicos que pueden recibir el impacto directo del borrador de regulación también se les permite tiempo adicional para presentar sus opiniones en las audiencias públicas.

El OSIPTEL ha venido experimentando con métodos innovadores, como transmisiones vía Facebook Live, para aumentar la participación de los grupos de usuarios, así como para celebrar seminarios ocasionales con audiencias académicas. Aún no se evalúa la eficacia de estos métodos.

Las entidades de la administración pública pueden participar como actores interesados en el proceso de interacción, pero sus comentarios no tienen efecto obligatorio y se evalúan junto con los comentarios presentados por los demás actores interesados.

De acuerdo con los Lineamientos de Calidad Regulatoria, cuando se publica un borrador para recibir comentarios se deben incluir los documentos justificativos a fin de proporcionar a los actores interesados más información antes del proceso consultivo, por ejemplo, el modelo de costos cuando proceda, en formato Excel. En algunos casos, también se redacta un comunicado de prensa.

La regulación final y una matriz con los comentarios de la consulta se publican como documento en el sitio web del OSIPTEL. La resolución también se publica en el diario oficial El Peruano, con una indicación de que toda la información justificativa puede verse en el sitio web del OSIPTEL. La matriz presenta un resumen de los comentarios recibidos y una respuesta del OSIPTEL con la explicación y la justificación de su decisión.

Cuando se aprueba una nueva regulación, la Gerencia de Comunicaciones emite un comunicado de prensa y organiza entrevistas en las principales estaciones de radio o canales de televisión para explicarla y darla a conocer. El OSIPTEL también participa en diferentes foros o seminarios para proporcionar información más detallada sobre nuevas regulaciones. Sin embargo, a causa de limitaciones de presupuesto, las campañas masivas son limitadas.

Revisiones ex post

De acuerdo con el Análisis de Calidad Regulatoria (ACR) de la PCM, los reguladores económicos de Perú solo tienen que revisar las regulaciones existentes y hacer evaluación *ex post* de regulaciones que adicionan procedimientos administrativos. Con el OSIPTEL, las evaluaciones *ex post* no referidas al ACR, *son ad hoc* y se llevan a cabo solo en reglamentos específicos que, por lo general, implican decisiones controvertidas. En algunos casos, las evaluaciones están indicadas en algunas regulaciones a través de la cláusula de extinción o las establecen las normas del OSIPTEL.

Para la regulación de precios y los cargos de interconexión, se dispone que el OSIPTEL evalúe las condiciones del mercado cada cuatro años para determinar si es necesario un cambio[13]. El OSIPTEL utiliza los datos del mercado recopilados para monitorear a los operadores que según la clasificación tienen Poder Significativo en el Mercado (PSM) y hacer las modificaciones necesarias cuando se detectan deficiencias. Esta clasificación está sujeta a la cláusula de extinción, la cual dispone que el OSIPTEL la evalúe cada tres años para saber si el operador sigue teniendo la clasificación de PSM. Este análisis puede efectuarse cada dos años si el regulador tiene pruebas contundentes de que hubo un cambio significativo en las condiciones de mercado o si lo solicita una entidad regulada.

El OSIPTEL también hace análisis periódicos del mercado de telecomunicaciones para identificar los impactos de las regulaciones o las modificaciones de reciente introducción. En estos análisis se toman en cuenta las principales estadísticas, como el número, evolución de las líneas, penetración, tráfico, participación del mercado e ingresos (por mercado, por grupo económico). Asimismo, el OSIPTEL monitorea activamente las ofertas de las empresas de telecomunicaciones (los principales planes, precios, características específicas) y la demanda de los consumidores.

Cada gerencia del OSIPTEL está encargada de evaluar sus propias regulaciones, y esto no se practica mediante los criterios cuantitativos o cualitativos establecidos. No se utiliza la consulta a los actores interesados externos ni al público. Sin embargo, el OSIPTEL recibe a menudo sugerencias de las empresas en forma *ad hoc* con la petición de que elimine regulaciones que no siempre tienen relación con aquellas sujetas a revisión.

De acuerdo con el ACR de la PCM, el OSIPTEL está revisando su acervo de regulaciones para determinar qué es necesario eliminar o modificar. Esta revisión ampliará los anteriores procesos administrativos, de acuerdo con el ACR, e incluye las normas dictadas por el OSITPEL. La GAL encabeza este proceso, en el cual compila una lista de normas establecidas desde 1994. La GAL está pidiendo a las gerencias que identifiquen las regulaciones que necesitan revisión y fijen un cronograma para ello. Contrataron un consultor externo y se creó un grupo *ad hoc* para conducir el proceso[14]. Este grupo entregará sus conclusiones en 2019. Del 2019 al 2021, el OSIPTEL revocará, modificará o dejará inalterados las regulaciones de acuerdo con las recomendaciones.

El OSIPTEL se ha comprometido a revisar cuatro regulaciones en 2018, con uno terminado en el segundo trimestre. El proceso completo está programado terminarse en 2021. Algunas regulaciones se revisarán en conjunto y combinándolas formarán un solo texto consolidado.

El OSIPTEL estableció recientemente una comisión para que haga la evaluación *ex post* de las regulaciones, enfocándose a tipificar las conductas que estarán sujetas a supervisión y, a la larga, a sanciones. La comisión está presidida por la Gerencia de Políticas Regulatorias y Competencia, e incluye a funcionarios de las gerencias de Supervisión, Legal, y de Protección al Usuario, así como de la Secretaría Técnica. La meta de la comisión es emitir una norma con todas las conductas sancionables, lo cual hará que el OSIPTEL sea más previsible y facilitará una función de supervisión más eficiente.

Supervisión y fiscalización

La Gerencia de Supervisión y Fiscalización (GSF), que tiene asignada una plantilla de profesionales en Lima, así como una en cada una de las 23 oficinas desconcentradas, realiza las inspecciones. Los inspectores están especializados en diferentes áreas – incluyendo ingeniería, derecho y economía – para desarrollar un enfoque multidisciplinario de la inspección y los procedimientos administrativos asociados a la supervisión y fiscalización.

Los planes de supervisión son anuales y se programan para visitar zonas que son nuevas, donde no haya una visita reciente ni donde se enfrentaron infracciones el año anterior. La información recopilada en las supervisiones se transmite de las oficinas regionales a la oficina de Lima para su análisis.

La meta de las supervisiones es el cumplimiento y la prevención, que también se refuerza con las normas generales de procedimientos administrativos. El OSIPTEL trabaja con las entidades reguladas empleando la educación o la capacitación para mejorar el desempeño y los contratos y fomentar las resoluciones antes de imponer alguna sanción. Las supervisiones se realizan en tres áreas:

- **Calidad del servicio**: enfocada principalmente a la prestación técnica de los servicios de internet fijo y móvil y de voz móvil, que necesita cumplir las normas del OSIPTEL. Se miden diversos indicadores utilizando pruebas de campo con equipo especializado. Los indicadores de la calidad de servicio especificados en el marco de los proyectos de PPP asociados a la Red Dorsal Nacional de Fibra Óptica y las licitaciones de cobertura del espectro también son implementados por la GSF en esta área.

- **Derechos de los usuarios**: concentrados en la protección del consumidor en el mercado, relacionada con las suscripciones y la terminación del servicio, los sobreprecios y la portabilidad. Además, el OSIPTEL supervisa el Registro de teléfonos celulares robados o perdidos, que se creó para evitar que estos teléfonos se utilicen en las redes móviles.
- **Gestión**: centrada en garantizar que todos los procesos se gestionen de manera sistemática en la GSF, dado que los diferentes inspectores verán las supervisiones en forma diferente.

Los planes de supervisión anuales varían de acuerdo con las distintas áreas. Para la calidad de servicio, se programan para visitar zonas nuevas, donde no haya una visita reciente ni hayan enfrentado infracciones el año anterior. La información recopilada se transmite de las oficinas regionales a la oficina de Lima para su análisis. Para los derechos de los usuarios, los planes se organizan de acuerdo con regulaciones que rigen esta área. Los supervisores suelen estar desplegados en el ámbito nacional y los problemas se dividen en recurrentes (para promover el cambio de comportamiento coherente de las empresas operadoras) y circunstanciales (es decir, los derivados de la implementación o los cambios regulatorios).

El procedimiento de sanciones incluye un procedimiento administrativo prolongado cuya finalización puede tomar más de dos años e incluye la apertura de tres expedientes individuales. Los expedientes incluyen repeticiones de las inspecciones y contratos de mejoras con la entidad regulada antes de imponer sanciones. Cuando se impone una sanción, el reglamento aplicable da el procedimiento y los rangos de las sanciones conforme a tres niveles: leve, moderada o grave. El reglamento aplicable presenta el procedimiento para calcular el monto de la sanción, que normalmente va acorde a los principios económicos, es decir, la tasa de retorno o de ingresos dividida entre la probabilidad de detección.

La primera instancia administrativa para las sanciones la maneja la gerencia de línea que se encarga de la supervisión y remite una propuesta al gerente general. El gerente general aprueba o modifica la sanción para incrementar o reducir el monto dentro de los límites de la legislación aplicable. Las apelaciones en segunda instancia las maneja el Consejo Directivo, lo cual sucede en la mayoría de los casos.

Los fondos derivados de las sanciones se mandan en su totalidad al FITEL, y las decisiones se publican en el sitio web del OSIPTEL como parte del procedimiento obligatorio para la transparencia. El OSIPTEL desea ampliar esta disposición y publicar todas las decisiones para incluir los casos en que no haya sanciones.

La supervisión y fiscalización son actividades que requieren cada vez más recursos para el OSIPTEL (cuadro 2.14). Un inspector puede ser insuficiente para algunas zonas, en especial donde las dificultades del terreno impiden el acceso y la precisión de las pruebas. Conforme a ley peruana, el OSIPTEL no tiene permitido contratar a terceras empresas para reducir la carga soportada por sus inspectores y abogados.

Cuadro 2.14. Inspecciones, por año

Año	Inspecciones	Inobservancias detectadas	Medidas tomadas
2015	339	113	Sanciones administrativas:86 Preventivas: 23 Correctivas:6
2016	259	126	Sanciones administrativas:117 Correctivas:21
2017	249	99 (72 aún en curso)	Sanciones administrativas:76 Preventivas: 5 Correctivas:22 Supervisiones adicionales: 8

Nota: Los datos de las inspecciones pueden verse aquí: https://www.osiptel.gob.pe/documentos/registro-de-sanciones.
Fuente: Información proporcionada por el OSIPTEL, 2018.

En 2017, el gobierno modificó las normas de procedimientos administrativos para cambiar el centro de atención de la supervisión basada en el cumplimiento a la supervisión basada en el desempeño. El objetivo de las modificaciones es mejorar el desempeño de los ministerios y organismos gubernamentales y diagnosticar y prevenir los comportamientos injustificados. Por ejemplo, si una empresa violó las normas, pero cumple después, anticipándose al inicio de los procedimientos sancionadores, entonces la empresa no tiene consecuencias negativas y se cancela el procedimiento sancionador. Si el cumplimiento ocurre después de que inicie el procedimiento sancionador, se aplica un descuento sobre el total de la multa. En este sentido, la propia supervisión no ha cambiado, pero la evaluación y la imposición de sanciones sí se han modificado.

Impugnaciones

El OSIPTEL cuenta con cuatro órganos para solucionar controversias y reclamos en el sector telecomunicaciones a nivel administrativo respaldados por una secretaría técnica que administra estas funciones, salvo en el caso de las sanciones impuestas a las entidades reguladas, que involucra al Consejo en segunda instancia administrativa. En el cuadro 2.15 se presenta un panorama de sus funciones en la solución de controversias. Los cuatro órganos son:

- Centro de Arbitraje
- Órganos colegiados
- Tribunal de solución de controversias
- Tribunal Administrativo de Solución de Reclamos de Usuarios (TRASU)

Hay dos vías para resolver los problemas administrativos entre entidades reguladas. Primera, el Centro de Arbitraje está dedicado a la solución de controversias en el sector telecomunicaciones a través de arbitraje y conciliación con apoyo institucional. Las empresas se ofrecen a utilizar el Centro de Arbitraje en lugar de los demás órganos de revisión administrativa, en virtud de lo cual se selecciona uno o más árbitros para que conozcan del caso y tomen una decisión vinculante. Esto también evita el examen de las inobservancias o violaciones de la ley o la conducta ilegal por parte de los otros órganos de revisión administrativa. Sin embargo, hasta la fecha solo se conoció de un caso en el Centro de Arbitraje.

Cuadro 2.15. Mapa de vías para solucionar controversias y reclamos, para entidades reguladas y usuarios

Etapa	Controversias entre entidades reguladas	Sanciones impuestas a entidades reguladas	Reclamos de usuarios	Sanciones impuestas por el TRASU
Primera instancia administrativa	Órganos colegiados	Gerencia de línea encargada de explicar la regulación, aprobada por la GM	La entidad regulada	TRASU
Segunda instancia administrativa	Tribunal de solución de controversias	Consejo Directivo	TRASU	Consejo Directivo
Revisión judicial	Proceso contencioso administrativo a través del Poder Judicial peruano	Proceso contencioso administrativo a través del Poder Judicial peruano	Proceso contencioso administrativo a través del Poder Judicial peruano	Proceso contencioso administrativo a través del Poder Judicial peruano

Nota: Para problemas administrativos entre entidades reguladas, las entidades pueden optar voluntariamente por utilizar el Centro de Arbitraje cuando hay una inobservancia relacionada con sus contratos y no se violaron regulaciones obligatorias. Para los reclamos de los consumidores, el TRASU en la segunda instancia puede imponer una sanción. Al hacerlo, la sanción se convierte en una decisión de primera instancia administrativa, en cuyo caso el Consejo Directivo actúa como órgano de segunda instancia.
Fuente: Información proporcionada por el OSIPTEL, 2018.

Segunda, la mayoría de los casos entre las empresas se resuelven a través de los órganos colegiados y el Tribunal de Solución de Controversias. Los órganos colegiados conocen del caso en la primera instancia y el Tribunal de Solución de Controversias en la segunda instancia. Ambos órganos manejan los problemas administrativos relacionados con la competencia libre y desleal o temas de interconexión, acceso, infraestructura compartida y tarifas.

En cuestión de composición, los órganos colegiados están formados por tres a cinco miembros designados por el Consejo Directivo del OSIPTEL a partir de una lista preliminar aprobada por el órgano. En casos de libre competencia y competencia desleal, pueden formarse dos órganos colegiados permanentes para un periodo de tres años. Hasta 2018, solo se ha integrado un órgano colegiado permanente. En el caso de las controversias, el Consejo Directivo designa un órgano colegiado *ad hoc* para cada caso. Los miembros del Tribunal de Solución de Controversias son nominados por la PCM y el MEF, con un miembro nominado por el MTC y otro por el Indecopi.

Los reclamos de los usuarios se manejan a través de una vía diferente para solución de controversias. En la primera instancia, los usuarios deben interponer su reclamo directamente a la entidad regulada. Si el reclamo no se soluciona, entonces el usuario puede apelar su caso en la segunda instancia ante el Tribunal Administrativo de Solución de Reclamo de Usuarios (TRASU)[15]. El proceso se estableció en 1994[16] y se actualizó en 2015[17]. El TRASU decide respecto al mérito del caso, y también puede optar por imponer sanciones de acuerdo con las infracciones a los procedimientos establecidos o quebrantar las resoluciones dictadas por el TRASU. Las sanciones que impone el TRASU se convierten en una decisión de primera instancia, la cual puede ser apelada en segunda instancia ante el Consejo Directivo del OSIPTEL que es el árbitro final de estas sanciones. Los fondos provenientes de las sanciones se envían en su totalidad al FITEL y las decisiones se publican en el sitio web del OSIPTEL para efectos de transparencia.

El Consejo Directivo del OSIPTEL nomina a los miembros del TRASU. Al momento de redactar, el Consejo implementó normas extraordinarias para la organización del TRASU en 2018 (Resolución Nº 051-2018-CD/OSIPTEL) para hacer frente a una carga de trabajo excesiva (cuadro 2.16). Estas medidas extraordinarias durarán 18 meses y permitirán contratar personal adicional para procesar los reclamos que pueden manejarse rápido.

Cuadro 2.16. Organización del TRASU antes y después de medidas extraordinarias, 2018

Organización original del TRASU	Organización del TRASU conforme a las medidas extraordinarias
• Dos cámaras colegiadas ubicadas en Lima, cada una con tres personas • Seis cámaras unipersonales ubicadas en Lima • Siete cámaras unipersonales, una en cada una de las siguientes regiones de Perú: Arequipa ,La Libertad, Piura, Lambayeque, Junín, Cusco y Loreto.	• Dos cámaras colegiadas ubicadas en Lima reorganizadas en seis cámaras unipersonales que se enfocan a asuntos nacionales, al margen de la cantidad de dinero reclamada • Las seis cámaras unipersonales ubicadas en Lima permanecen, pero cambian su enfoque a los asuntos nacionales, al margen de la cantidad de dinero reclamada • Seis cámaras unipersonales en Lima que se enfocan a asuntos nacionales, al margen de la cantidad de dinero reclamada. • Si el presidente del Consejo lo considera necesario, puede crearse una Cámara Colegiada Transitoria para resolver las penalizaciones administrativas

Notas: Las seis cámaras unipersonales originales ubicadas en Lima se enfocan en (1) los reclamos sobre problemas durante el procedimiento, (2) las apelaciones para cuestiones que pueden resolverse en 15 días hábiles, o (3) las apelaciones en cuestiones con montos reclamados inferiores a 100.00 PEN.
Fuente: Información proporcionada por el OSIPTEL, 2018.

La carga de trabajo excesiva fue producto de un aumento exponencial en los reclamos de los consumidores de 2015 a 2017 (cuadro 2.17). Esto se originó, entre otros motivos, por una disposición en la ley peruana que permite a los usuarios recibir una suspensión temporal en el pago de sus cuentas si la apelación de su reclamo aún está pendiente de decisión. Esto se exacerbó con los servicios de terceros que presentaron reclamos en representación de los usuarios, situación que se prevé que cambie con las nuevas normas regulatorias en 2018. Hasta el momento, las medidas extraordinarias han reducido los reclamos en segunda instancia de un aproximado de 43 000 en febrero de 2018 (antes de las normas de urgencia) a 14 000 en julio de 2018.

Cuadro 2.17. Reclamos de los usuarios en primera y segunda instancia administrativa, 2015-18

Formato para el reclamo	2015	2016	2017	2018*
En persona	338 864	515 073	680 280	382 685
Por escrito	29 817	17 939	22 808	9 936
Por teléfono	840 846	1 438 268	2 656 667	1 090 803
Página web	64 243	162 665	286 990	133 487
Otro	10	23	243	22 347
TOTAL	**1 273 780**	**2 133 958**	**3 647 026**	**1 639 258**
Segunda instancia (en promedio)	31 226	59 047	159 371	14 643

Notas: El OSIPTEL informa que, en promedio, 3.5% de los reclamos en primera instancia pasan a apelaciones en segunda instancia con el TRASU. Las estadísticas de 2018 son hasta junio de 2018.
Fuente: Información proporcionada por el OSIPTEL, 2018.

Agotada la vía administrativa, toda impugnación debe hacerse a través de un proceso judicial "contencioso administrativo" de conformidad con la Ley No.27584, que puede tardar de cinco a ocho años para terminar. Los jueces tienen la capacidad de decidir el caso con base en el mérito, así como en aspectos formales. Las decisiones tarifarias también pueden impugnarse en la vía judicial. Los procesos judiciales iniciados por los usuarios son poco comunes, debido al largo periodo que tarda el fallo de los casos. Los detalles sobre las decisiones del OSPITEL impugnadas en la vía judicial aparecen en el cuadro 2.18.

Cuadro 2.18. Decisiones del OSIPTEL impugnadas en procesos judiciales y repercusiones

Año	Número de decisiones tomadas	Número de decisiones apeladas	Estatus (decisión confirmada, rechazada, en curso)
2016	69	36	Decisión confirmada: 3 Rechazada: 0 En curso: 33
2015	67	41	Decisión confirmada: 6 Rechazada: 0 En curso: 35
2014	62	63	Decisión confirmada: 25 Rechazada: 0 En curso: 38
2013	39	79	Decisión confirmada: 44 Rechazada: 0 En curso: 35
2012	62	58	Decisión confirmada: 34 Rechazada: 1 En curso: 22

Fuente: Información proporcionada por el OSIPTEL, 2018.

Cuando un operador considera que una ley impuesta por el Consejo Directivo es inconstitucional o va en contra de los marcos jurídicos, puede iniciar un proceso de "Acción Popular" de acuerdo con el artículo 200 de la Constitución Política del Perú. Las entidades reguladas también pueden impugnar las decisiones que imponen cargas administrativas de conformidad con el Decreto Legislativo No. 1256, que aprueba la Ley de Prevención y Eliminación de Barreras Burocráticas.

Transparencia, integridad y rendición de cuentas

El OSIPTEL es directamente responsable ante la PCM y el Congreso, pero puede ser llamado por el MTC u otras gerencias gubernamentales pertinentes para que proporcione información o exprese opiniones. Aunque el OSIPTEL publica un informe anual en su sitio web, no hay requerimientos para que lo comparta oficialmente y lo presente a las entidades estatales. La PCM y el MEF solicitan al regulador que informe de ciertos indicadores y cumpla con los requisitos de información; sin embargo, con frecuencia están fragmentados.

Las acciones del OSIPTEL se rigen por el Principio de Transparencia[18], que requiere que regulaciones emitidas se publiquen en el diario oficial, El Peruano, y en su sitio web. Todas las resoluciones que crean o influyen en los procesos administrativos obligatorios, así como las que imponen sanciones relacionadas con infracciones graves o muy graves también deben publicarse en el diario oficial[19].

El OSIPTEL emplea su sitio web para publicar las decisiones regulatorias, los resultados de la participación de los actores interesados, las sanciones, datos, informes y otra información necesaria. Los medios, incluidas las redes sociales, se utilizan ampliamente para comunicar estos resultados al público.

Ética

El OSIPTEL tiene un Código de Ética Institucional dentro del marco de la Ley General del Código de Ética de la Función Pública (Ley No. 27815) supervisado por SERVIR. El Código contiene cinco disposiciones generales y no establece mecanismos de supervisión y fiscalización de infracciones. Sin embargo, el personal que viole el código está sujeto a sanciones. Las transgresiones se informan a la persona designada, que en este momento es el asesor del presidente del Consejo Directivo. Esta persona acepta la responsabilidad aunada a las tareas regulares. Todas las infracciones las maneja una comisión de ética, mientras que las transgresiones graves se remiten al gerente de Recursos Humanos. En casos graves, como corrupción, la transgresión es remitida al tribunal de SERVIR, el cual dará la sanción adecuada. Las transgresiones no se reportan de manera anónima y, hasta la fecha, no se ha informado ni una sola transgresión.

Un grupo de trabajo sobre ética, que incluye a un representante de cada gerencia, se cerciora de que el personal del OSIPTEL conozca el código y promueva la conducta ética en el entorno de trabajo. Esto se promueve a través de correos electrónicos o durante los programas de inducción y los eventos institucionales. El código de ética se publica en el sitio web del OSIPTEL para efectos de transparencia, y se publica en varias áreas de los edificios del OSIPTEL.

Transparencia

El OSIPTEL maneja una normativa de "puertas abiertas" con las entidades reguladas, lo que les permite que acudan al regulador para analizar los problemas. Sin embargo, recientes cambios normativos han limitado este acceso durante la fase de desarrollo regulatorio, en virtud del cual las entidades reguladas deben esperar la consulta pública para hacer sus aportaciones a los proyectos de leyes.

De acuerdo con las normas de transparencia del OSIPTEL, las reuniones con los representantes de los operadores deben ser documentadas en el Portal de Transparencia del OSIPTEL y el Portal de Transparencia, del gobierno peruano que presenta el nombre de la entidad y los representantes visitantes, el título del asunto analizado y los nombres de los miembros del personal del OSIPTEL que estuvieron en la reunión. No se incluye una descripción detallada de lo analizado.

Conflictos de intereses

Los lineamientos en el conflicto de intereses, emitidos en 2018, establecen el procedimiento y formato específicos para declarar posibles conflictos de intereses[20]. Estos requieren que todo el personal declare los posibles conflictos, incluyendo con familiares o amigos. Esta declaración necesita actualización anual, o cuando haya cambios mayores. La GAL implementa el proceso.

Las restricciones en el periodo posterior al empleo se rigen por la Ley No. 27588, que establece prohibiciones y comportamientos que son incompatibles para el personal catalogado como servidores civiles. Estas normas se aplican a personas que prestan servicios civiles en cualquier modalidad de empleo. Según la Ley, todos los miembros del consejo, altos funcionarios, asesores y miembros de los tribunales administrativos, así como los funcionarios o los servidores públicos que han tenido acceso a información privilegiada o cuya opinión haya sido determinante en la toma de decisiones, están sujetos a una restricción de un año después de que dejaron el empleo. Esto incluye prestar servicios bajo un acuerdo contractual, aceptar una remuneración, formar parte del Consejo Directivo, adquirir directa o indirectamente acciones de una empresa asociada con el sector, firmar contratos con empresas, o participar como abogado, asesor, apoderado, árbitro de éstas.

Del mismo modo, el Reglamento General del OSIPTEL estipula que los miembros del consejo, altos funcionarios y servidores, de cualquier régimen laboral, tienen prohibido defender o asesorar a una entidad en contra del OSIPTEL y trabajar para toda institución que esté dentro de la jurisdicción del OSIPTEL por un periodo de un año después de terminar su relación profesional con el OSIPTEL.

Los miembros del personal sujetos a las restricciones aplicables en el periodo posterior al empleo, que hayan terminado su relación profesional con el OSIPTEL, deben firmar un documento legal en que se comprometen a no violar los términos y condiciones de esta política. El OSIPTEL ha manifestado que estas disposiciones provocan ciertas dificultades para reclutar nuevo personal.

Para evitar conflictos de intereses, toda persona que posea más de 1% de las acciones de una empresa relacionada con las competencias del regulador no puede ser designada miembro del Consejo ni contratada como director, representante legal, agente, empleado o consultor de un organismo regulador.

Los lineamientos para conflictos de intereses disponen que los miembros del Consejo declaren los posibles conflictos, incluso aquellos con familiares o amigos. Esta declaración necesita actualizarse cada año, o cuando haya cambios importantes. Este proceso lo implementa la Gerencia de Asesoría Legal (GAL).

Rendimiento y resultados

Recopilación de datos

El OSIPTEL recopila gran cantidad de datos de las entidades reguladas que utiliza para monitorear el desempeño del mercado, detectar sus deficiencias y elaborar regulaciones. Esto incluye datos del desempeño del sector, así como datos financieros correspondientes a los cinco operadores más grandes. Los datos se convierten en indicadores que se presentan al Consejo. La información que no es confidencial se publica en forma bruta en el sitio web del OSIPTEL.

La mayoría de las solicitudes de datos son parte de la Norma de Requerimientos de Información Periódica (NRIP), que se envían a través del Sistema de Gestión de las Estadísticas Periódicas (SIGEP), herramienta de recopilación de datos previsible y digital que incluye 185 formatos. Se puede pedir a las empresas que proporcionen información excepcional en respuesta a normas específicas o en respuesta a las cartas enviadas por el regulador, que con frecuencia se basan en solicitudes de información de otras entidades del Poder Ejecutivo peruano o que son necesarias en el OSIPTEL de manera no periódica.

A las entidades reguladas a menudo les piden que proporcionen una cantidad detallada de datos sobre el mercado. En cambio, algunas veces encuentra que la información presentada está incompleta, no se entrega a tiempo o es contradictoria (en el último caso, por ejemplo, por el uso de códigos que no concuerdan, la evolución atípica de las series, etc.). Para la mayoría de los indicadores relevantes, se implementó un procedimiento a fin de detectar la información contradictoria o incompleta (evaluando la evolución de las series cronológicas, verificando las celdas que están en blanco, etc.). En la actualidad el proceso es manual, empleando herramientas de bases de datos.

Los actores más pequeños o más recientes del sector pueden identificar los problemas al obtener los datos en forma periódica. Sin embargo, las empresas más grandes también pueden presentar datos contradictorios o incompletos. Telefónica y Claro (América Móvil) tienen que enviar información periódica adicional, entre otras cosas, de las líneas, abonados y datos una vez al año para complementar los datos del SIGEP. Esto se debe al gran impacto que estas empresas tienen en el sector.

El OSIPTEL garantiza que sus solicitudes de datos son razonables y están en consonancia con los requerimientos de datos reales para minimizar la carga sobre la industria. Esto se hace mediante revisiones regulares de las solicitudes de datos a través del SIGEP, que es administrado por la Gerencia de Políticas Regulatorias y Competencia (GPRC), o a través de otras normas específicas que son aprobadas por cada gerencia. Cada gerencia se encarga de redactar los indicadores y recopilar información para los informes y monitoreo del PEI y el POI. Si los datos requeridos no se recopilan mediante las NRIP, entonces cada gerencia solicita la información por medio de su propia norma o por carta. En agosto de 2018, el OSIPTEL comenzó un proceso para modificar los requerimientos de datos del SIGEP con objeto de reducir el número de formatos en un esfuerzo por reducir la carga a los operadores.

En el encuadro 2.4 se describen los canales del OSIPTEL para recopilar datos. El regulador también tiene la capacidad de solicitar información específica de las empresas, si no la recopilaron a través de las labores para la recopilación de datos, como se indica en el artículo 100 del Reglamento General del OSIPTEL.

Encuadro 2.4. Sistemas de recopilación de datos del OSIPTEL

Internamente, la GRPC gestiona tres sistemas principales de recopilación de datos que reúnen información sobre el desempeño del sector.

Sistema de Información y Gestión de Estadísticas Periódicas (SIGEP)

La Norma de Requerimientos de Información Periódica (NRIP) incluye un total de 185 formularios que requieren información de líneas, tráfico, de infraestructura, financiera e indicadores de reclamos. La NRIP se creó en 2004 y se digitalizó en 2015 a través del Sistema de Gestión de las Estadísticas Periódicas (SIGEP). El SIGEP es una herramienta de recopilación de datos previsible y digital, utilizada por las entidades reguladas para reportar esa información; este Sistema también es una base de datos de información estadística sobre el desempeño del sector telecomunicaciones.

La calidad de los datos presentados por medio del SIGEP se garantiza entre otras cosas al bloquear la presentación si las celdas de datos se dejan en blanco.

Debido a los cambios en la dinámica del mercado, el OSIPTEL reconoce que la NRIP debe mejorar sus formularios de recopilación de datos y revisar la información recopilada que ya no se utiliza o que no es relevante, para garantizar que el regulador utilice periódicamente los datos recopilados. Puesto que este cambio requiere un reglamento especial, puede resultar tardado modificar los requerimientos de la NRIP. Mientras tanto, los requerimientos de información especial se envían a las entidades reguladas (p. ej., el mercado y la infraestructura del servicio del *carrier*), la cual se incluirá en un nuevo proyecto de la NRIP. El OSIPTEL también trabaja en un proyecto para optimizar el uso de los datos recopilados a través del SIGEP. La GPRC está diseñando indicadores (gráficas y cuadros) que se usan con frecuencia en diferentes documentos y se harán automáticamente mediante el sistema, por lo tanto, con ahorro de tiempo.

Sistema de Consultas de Tarifas (SIRT)

El Sistema de Consultas de Tarifas (SIRT) requiere que los operadores registren el precio de todas las ofertas comerciales, que luego se hace público en el sitio web del OSIPTEL. Las promociones deben registrarse 24 horas antes de darlas a conocer a los clientes, mientras que los aumentos de precios deben registrarse 15 días antes de aplicarlos a los usuarios.

Esta información se usa para llenar los datos en *Comparitel,* un sitio web que permite a los consumidores comparar las ofertas de los distintos operadores, así como encontrar detalles sobre los aumentos de precios y dar seguimiento a la evolución de las ofertas comerciales. *Comparitel* solo puede comparar los precios de lista vigentes y no las ofertas especiales.

Encuesta residencial de servicios de telecomunicaciones (ERESTEL)

La Encuesta Residencial de Servicios de Telecomunicaciones (ERESTEL) pide una muestra de 10 000 hogares sobre su uso de servicios, preferencias, actitudes hacia el cambio, entre otros. Toda la información sobre la encuesta, incluido el estudio del material. se publica en este sitio web, del OSIPTEL, junto con una presentación analítica de los resultados del año.

Otros datos recopilados

Otras fuentes de información incluyen informes internos de temas específicos, comparativos de tarifas, realizados cada dos años para algunos mercados o servicios, estadísticas preparadas por otros reguladores o por órganos públicos internacionales (es decir, Regulatel, CITEL, OCDE, UIT), e información de otras áreas en el OSIPTEL (reclamos, información de los usuarios tomada de las redes sociales) y los actores interesados, que en su mayoría son empresas.

Se requiere que los operadores presenten información trimestral sobre las poblaciones que han recibido cobertura al 15 de enero, abril, julio y octubre, o antes. Las entidades reguladas también tienen que proporcionar información de desempeño relacionada con la accesibilidad a las llamadas y la retención del servicio de voz móvil.

Los operadores de redes de radio tienen que generar información respecto a las mediciones de redes (contadores). Estos contadores son la base de los Indicadores Clave de Desempeño (KPI, por sus siglas en inglés), que se usan para medir el desempeño de las redes.

Fuente: Información proporcionada por el OSIPTEL, 2018; Resolución n° 121-2003-CD/OSIPTEL; Resolución 050-2012-CD/OSIPTEL; Resolución 096-2015-CD/OSIPTEL, Regulación Tarifaria (art. 11); Resolución n° 135-2013-CD/OSIPTEL; Resolución n° 123-2014-CD/OSIPTEL; Resolución N° 110-2015-CD/OSIPTEL.

Monitoreo del desempeño

El PEI 2018-2022 del OSIPTEL está estructurado sobre siete objetivos estratégicos institucionales (OEI) de alto nivel, separados en cuatro objetivos esenciales (efectos del mercado) y tres de apoyo (proceso y rendimiento). Los objetivos esenciales están relacionados con la misión de la institución, mientras que los objetivos de apoyo están relacionados con la gestión y los procesos internos del OSIPTEL. Los OEI se miden por medio de 21 indicadores, en gran medida del nivel de efectos o repercusiones.

El PEI se traduce en acciones estratégicas institucionales, de acuerdo con cada OEI. Los cuatro OEI esenciales se implementan mediante 16 acciones prioritarias, medidas a través de 36 indicadores; los tres OEI de apoyo, mediante 14 acciones prioritarias y 32 indicadores. Como es debido, los indicadores de este nivel se enfocan en los insumos, proceso y rendimiento (cuadro 2.19). El cuadro completo de las acciones estratégicas institucionales está en el anexo 2.A. Los objetivos para estos indicadores no se fijan en el PEI. El MEF también requiere que el OSIPTEL comparta datos para informar un conjunto de indicadores para monitorear el ejercicio del presupuesto y el desempeño. Estos indicadores del MEF no están incluidos en el marco estratégico del regulador.

Los indicadores empleados para monitorear la implementación del plan son acordes a los OEI e incluyen índices complejos creados por la Gerencia de Políticas Regulatorias y Competencia (GPRC). Más aún, estos índices se combinan para tener indicadores de nivel más alto, como el índice de intensidad competitiva, que se ha calculado desde el primer trimestre de 2012.

El índice está compuesto por los indicadores de los principales servicios no regulados: el mercado de la TV de paga, el mercado del internet fijo y el mercado de la telefonía móvil (véase gráfica 2.6). Se utiliza para evaluar si la competencia ha aumentado o no respecto al mismo trimestre del año anterior. El subíndice para cada mercado se compone de cuatro coeficientes ponderados: i) concentración de mercado, ii) calidad del servicio, iii) precios de los servicios y iv) líneas en servicio.

Gráfica 2.6. Índice de intensidad competitiva

Índice de intensidad competitiva

- Teléfono móvil
  - Precios de los servicios
  - Calidad de los servicios
  - Concentración del mercado
  - Líneas en servicio
- Internet fijo
  - Precios de los servicios
  - Calidad de los servicios
  - Concentración del mercado
  - Conexiones en servicio
- Televisión de paga
  - Precios de los servicios
  - Calidad de los servicios
  - Concentración del mercado
  - Servicio para abonados

Fuente: Información proporcionada por el OSIPTEL, 2018.

El índice tiene limitaciones específicas. Por ejemplo, solo los indicadores de servicios de voz están considerados en el mercado de telefonía móvil y no los relacionados con el servicio de internet móvil. Esto se debe a problemas referentes a la obtención de información precisa sobre el servicio de internet móvil, sobre todo en cuanto al tráfico de datos y los ingresos por concepto del servicio. Como resultado, el OSIPTEL trabaja con el personal técnico de los operadores para mejorar la precisión de esta información e incluirla en el índice. Los operadores han informado paulatinamente de las mejoras en los sistemas de datos internos y proporcionado los datos corregidos. Además, el OSIPTEL se enfoca en abordar los retos de monitoreo relativo a la información sobre la calidad de los servicios y analiza el uso de sustitutos (*proxies*) para ayudar a medir la calidad de los servicios prestados, por ejemplo, la velocidad como sustituto de la calidad del servicio de internet.

El OSIPTEL implementará un segundo índice que medirá la calidad del servicio al consumidor en todos los tipos de servicios de telecomunicaciones. Además, está en preparación un conjunto de cuestionarios para determinar la satisfacción de los usuarios con los servicios prestados por el operador, en función de su eficiencia y eficacia. Los cuestionarios serán manejados por teléfono, en línea y en persona. Esperan tener los primeros resultados a fines de 2018.

El OSIPTEL emplea la información recopilada para diagnosticar mejor los problemas del mercado, evaluar su desempeño e identificar las modificaciones necesarias en las regulaciones vigentes u otras medidas para abordar los problemas. Los estudios de mercado *ad hoc* ayudan a identificar los impactos de algunas regulaciones. Otras estadísticas importantes del mercado de telecomunicaciones también se toman en cuenta en los análisis de mercado, como las líneas, la participación del mercado, el tráfico, el acceso, los ingresos de los operadores y la industria en conjunto, etcétera.

El PEI 2018-2022 incluye un nuevo proyecto para integrar todas las bases de datos y hacerlas accesibles a todos los funcionarios, con excepción de los datos confidenciales. Este proyecto congrega a tres comisiones internas (de competencia, de calidad y de usuarios), y prevé tener resultados a finales de 2018.

Cuadro 2.19. Objetivos estratégicos e indicadores del OSIPTEL, 2018-2022

TIPO	OBJETIVO ESTRATÉGICO	INDICADOR	
ESENCIAL	Promover la competencia entre los operadores de telecomunicaciones	• Índice de competencia de la telefonía móvil • Índice de precios de la telefonía móvil • Índice de competencia del internet móvil • Índice precios del internet móvil • Índice de competencia del internet fijo • Índice de precios del internet fijo • Índice de competencia de la TV de paga • Índice de precios de la TV de paga	*Resultados*
	Garantizar el cumplimiento de los estándares de calidad en los servicios de telecomunicaciones, según lo establecido u ofrecido por los operadores	• Índice de calidad del servicio de la telefonía móvil • Índice de calidad del servicio de internet móvil • Índice de calidad del servicio de internet fijo • Índice de calidad del servicio de TV de paga	*Resultados*
	Promover la atención adecuada de los operadores a los usuarios	• % del cumplimiento con los estándares de calidad del servicio en el servicio de los operadores al cliente • % de satisfacción del usuario con la calidad del servicio del operador al cliente	*Resultados*
	Empoderar a los usuarios del servicio de telecomunicaciones	• % de usuarios que conocen sus derechos básicos • % de usuarios que tienen problemas con el servicio que encontraron una solución satisfactoria	*Resultados*
DE APOYO	Consolidar la reputación del OSIPTEL como institución transparente y muy especializada	• Índice de reputación del OSIPTEL	*Proceso*
	Consolidar el modelo de gestión del OSIPTEL tendiente a la excelencia	• % de satisfacción de los clientes internos con las Gerencias de Línea • % de satisfacción de los clientes internos con los órganos de apoyo y asesoramiento • Índice de excelencia de la gestión del OSIPTEL	*Proceso*
	Implementar los procesos para la gestión del riesgo de desastres	• Número de informes de implementación o actualización en la gestión del riesgo de desastres	*Rendimiento*

Fuente: Plan Estratégico del OSIPTEL 2018-2022.

Informes

Las autoridades regulatorias autónomas de Perú solo tienen la exigencia legal de enviar reportes al Ministerio de Economía y Finanzas como parte del sistema presupuestario basado en el desempeño para toda la administración peruana. El OSIPTEL presenta la información de los indicadores que ha definido el MEF a través de los Sistemas Integrados de Administración Financiera (SIAF) todos los años. El OSIPTEL también manda una copia impresa de este informe a los actores interesados en los poderes Ejecutivo (el Contralor) y Legislativo del gobierno (Comisión de Presupuesto del Congreso en sesión permanente). Los indicadores informados en el SIAF al MEF están enumerados en el cuadro 2.20.

Cuadro 2.20. Indicadores del SIAF enviados al MEF

Producto / resultado específico	Nombre del indicador
RE: Mejora en la Prestación de Servicios de Telecomunicaciones	Nivel de satisfacción del usuario – Usuario de telefonía fija
	Nivel de satisfacción del usuario – Usuario de telefonía móvil
	Nivel de satisfacción del usuario – Usuario de internet
	Nivel de satisfacción del usuario – Usuario de cable
Producto 1: Localidades supervisadas conforme a las normas de servicio técnico	Nivel de calidad de la cobertura de radio del servicio móvil
	Índice de calidad de la telefonía móvil
	Porcentaje de solución a los incumplimientos detectados respecto a la velocidad del internet
	Porcentaje de cumplimiento de la velocidad del internet mínima garantizada
Producto 2: Los operadores tienen los mecanismos para brindar esquemas tarifarios accesibles para el usuario	Monto de ahorros reales acumulados en el servicio telefónico fijo
	Índice de competencia para TV por cable
	Índice de competencia para internet
	Índice de competencia para la telefonía móvil
	Monto de ahorros anuales en los cargos diferenciados urbanos y rurales
Producto 3: Protección a los usuarios en sus derechos	Índice de satisfacción del usuario respecto al servicio de orientación del OSIPTEL
	Porcentaje de usuarios que conocen sus derechos.

Fuente: Información proporcionada por el OSIPTEL, 2018.

Estos indicadores no son similares a los definidos por el OSIPTEL para su marco estratégico y las acciones prioritarias, aunque hay cierta superposición. Combinados con el marco estratégico (21 indicadores para los objetivos estratégicos, 68 indicadores para las acciones prioritarias), el desempeño del OSIPTEL se conforma mediante 104 indicadores.

La PCM y el Congreso también solicitan periódicamente presentaciones de los indicadores de resultados y metas, que son los diseñados en el marco del Programa de Presupuesto e incorporados al POI para darles seguimiento. El nivel de cumplimiento con estas metas se informa por semestre, de acuerdo con la estructura funcional programática aprobada para cada año fiscal.

El OCI también hace una auditoria del POI que se presentará a la Contraloría General de la República. Cada gerencia del OSIPTEL se encarga de crear sus indicadores pertinentes y configurar un índice a partir de los datos, sin solicitar información adicional e indicadores aprobados por el MEF. El PPR se revisa cada año, y también requiere una evaluación de los indicadores utilizados. Los informes para el MEF y el OCI se procesan en línea.

Una vez al año, según lo dispone la ley, el OSIPTEL elabora un informe anual sobre sus principales actividades y resultados. Los informes son completos, detallados, de fácil lectura y bien realizados, y se ponen a disposición en línea[21]. No hay un requerimiento concreto para compartir estos informes con el Congreso o algún otro interesado, ni el OSIPTEL organiza ningún evento para hacer la presentación física del informe. Sin embargo, el OSIPTEL puede ser invitado a reuniones del Congreso para tratar asuntos específicos relativos a disposiciones tarifarias, presupuesto u otros temas pertinentes. Estas solicitudes las hace por lo regular la Comisión de Defensa del Consumidor y Organismos Reguladores de los Servicios Públicos (CODECO) y les da atención el presidente del Consejo o gerente general, quien presenta la información solicitada o responde a las preguntas planteadas.

En el sitio web del OSIPTEL hay gran cantidad de datos brutos, por ejemplo:

- Datos del desempeño de los mercados que vigila[22].
- Datos de su encuesta anual al consumidor[23].

Con base en estos datos, el OSIPTEL prepara y comunica el análisis mediante diversos y extensos resultados que pueden ser únicos o parte de una serie. Estos incluyen:

- Informes estadísticos de dos a tres páginas sobre la evolución del sector telecomunicaciones, principalmente en el mercado de la telefonía móvil y la cobertura, publicados en su sitio web con una frecuencia de uno a tres meses. Estos informes ofrecen una imagen del desempeño de diferentes áreas que están a cargo[24] del OSIPTEL e incluyen lo siguiente:
  - **Estadísticas trimestrales**: información general y específica sobre servicios móviles, fijos, de internet, de TV de paga, penetración, tráfico, participación del mercado, ingresos y estados financieros para los más grandes prestadores de servicios, etcétera.
  - **Características de los planes ofrecidos por las empresas de telecomunicaciones.**
  - **Principales cambios en el mercado de telecomunicaciones.**
- Boletines trimestrales que incluyen un prefacio del presidente del Consejo y presentan las principales evoluciones ocurridas en el mercado de telecomunicaciones, así como en las preferencias de los clientes[25].
- Documentos de trabajo de áreas temáticas que informan del desarrollo de los indicadores, por ejemplo, de los servicios fijos agrupados y la telefonía móvil en 2017 (como los informes estadísticos bimestrales o trimestrales).
- Internamente, el OSIPTEL elabora informes trimestrales sobre la implementación del POI que son presentados al Consejo Directivo. Estos informes no son de dominio público.

Notas

[1] Los artículos 85 y 86 del Texto Único Ordenado (TUO) de la Ley No. 27444, Ley General de Procedimientos Administrativos, aprobada por el Decreto Supremo No. 006-2017-JUS.

[2] Regida por la Ley No. 29571 o el Código de Protección y Defensa del Consumidor, aprobado en 2010.

[3] Aprobado por el Decreto Supremo No. 008-2001-PCM.

[4] Artículo 1 del Decreto Supremo No. 098-2016-PCM.

[5] Véase Ley de Equilibrio Financiero de Presupuesto del Sector Publico Para el Año 2018

[6] En 2007, el gobierno de Perú implementó, a través del MEF, un presupuesto para el sistema de resultados, inicialmente llamado Programación Estratégica y Evaluación del Desempeño; los programas estratégicos prioritarios fueron los que dan atención a los niños, como: i) Salud Materno Neonatal, ii) Articulado Nutricional, iii) Logros de Aprendizaje al finalizar el tercer ciclo, iv) Acceso de la Población a la Identidad, y v) Acceso a Servicios Sociales Básicos y a Oportunidades de Mercado. Las entidades gubernamentales que se encargarán de los programas seleccionados son: i) Ministerio de Educación, ii) Ministerio de Salud, iii) Ministerio de la Mujer y Desarrollo Social y iv) Ministerio de Transportes y Comunicaciones. El OSIPTEL está integrado en el Presupuesto por Resultados en 2015 con su programa No. 0124, denominado Mejoras en la Prestación de Servicios de Telecomunicaciones.

[7] El SIAF permite al OSIPTEL gestionar, mejorar y supervisar las operaciones de ingresos y egresos de las entidades del Estado, así como integrar los procesos presupuestarios, contable y de tesorería de cada entidad. Este sistema es de uso obligatorio para las entidades del Sector Público de acuerdo con la Ley Marco de la Administración Financiera del Sector Público.

[8] El SAI está diseñado para uso interno del OSIPTEL, a fin de tener un sistema actualizado que apoye los procesos y necesidades de información, y simplifique los procesos para analizar la información que faciliten la gestión. El SAI está en interface con el SIAF para el intercambio de datos.

[9] La Ley No .28212, de acuerdo con el Decreto Supremo No. 046-2006-PCM, aprobó nuevos topes de remuneración para el sector público. El Decreto de Urgencia No. 038-2006, que modificó la Ley 28121, redujo la remuneración para el presidente y los gerentes de los órganos reguladores.

[10] Decreto Supremo No. 172-2013-EF.

[11] Ley No. 27332, artículo 10.

[12] Los Lineamientos se aprobaron conforme a la Resolución 069-2018-CD/OSIPTEL.

[13] Lineamientos para Desarrollar y Consolidar la Competencia y la Expansión de los servicios de Telecomunicaciones en el Perú, Decreto Supremo No. 003-2007-MTC.

[14] El Memorando No. 047-GAL/2018 contiene un calendario de actividades para esta evaluación.

[15] Leyes No. 27332, Ley Marco de los Organismos Reguladores y No. 27336, Funciones y Facultades del Organismo Supervisor de la Inversión Privada en la Ley de Telecomunicaciones.

[16] La primera ley fue la "Directriz que define el marco para establecer los procedimientos asociados con los reclamos de los usuarios de los servicios públicos de telecomunicaciones", aprobada por la Resolución del Consejo Directivo del OSIPTEL No. 007-94-CD/OSIPTEL. Después de eso, hubo dos Resoluciones más, aprobadas por el Consejo Directivo del OSIPTEL que reguló el

procedimiento de reclamos: No. 032-97-CD/OSIPTEL y No. 015-99-CD/OSIPTEL. La Presidencia del OSIPTEL también aprobó la Resolución No. 036-97-PD/OSIPTEL.

[17] Reglamento para la Atención de Reclamos de Usuarios de Servicios Públicos de Telecomunicaciones" (en lo sucesivo, denominado el Reglamento de Reclamos), aprobado por la Resolución del Consejo Directivo del OSIPTEL No. 047-2015-CD/OSIPTEL. El Reglamento de Reclamos se modificó mediante la Resolución del Consejo Directivo del OSIPTEL No. 127-2016-CD/OSIPTEL, en 2016; mediante la Resolución del Consejo Directivo del OSIPTEL No. 048-2017-CD/OSIPTEL, en 2017; y mediante la Resolución del Consejo Directivo del OSIPTEL No. 051-2018-CD/OSIPTEL, en 2018.

[18] Artículo 7 del Reglamento General del OSIPTEL.

[19] Conforme al artículo 33 de la Ley No. 27336 o la Ley de Desarrollo de las Funciones y Facultades.

[20] https://www.osiptel.gob.pe/articulo/res101-2018-cd-osiptel.

[21] Los informes completos pueden leerse aquí: www.osiptel.gob.pe/documentos/memorias-anuales.

[22] https://www.osiptel.gob.pe/documentos/indicadores-estadisticos.

[23] https://www.osiptel.gob.pe/documentos/encuesta-residencial-erestel.

[24] Véase al lista completa: www.osiptel.gob.pe/documentos/reporte-estadistico.

[25] www.osiptel.gob.pe/documentos/boletin-osiptelcom.

Referencias

El Comercio (2015), *VisaNet, Liderman y Cofide ganan el Great Place to Work | Economía | Perú | El Comercio Perú*, https://elcomercio.pe/economia/peru/visanet-liderman-cofide-ganan-great-place-to-work-205562?foto=2 (acceso 22 de junio 2018). [4]

OECD (2016), *OECD Public Governance Reviews: Peru: Integrated Governance for Inclusive Growth*, OECD Public Governance Reviews, OECD Publishing, Paris, http://dx.doi.org/10.1787/9789264265172-en. [3]

OECD (2016), *Regulatory Policy in Peru: Assembling the Framework for Regulatory Quality*, OECD Reviews of Regulatory Reform, OECD Publishing, Paris, http://dx.doi.org/10.1787/9789264260054-en. [2]

OSIPTEL (2018), *Plan Estratégico Institucional 2018-2022*, OSIPTEL, https://www.osiptel.gob.pe/repositorioaps/data/1/1/1/PAR/res025-2018-pd/Res025-2018-PD_PEI2018-2022.pdf (acceso 22 de junio 2018). [1]

OSIPTEL (2014), *The Telecommunications Boom*, OSIPTEL, https://www.osiptel.gob.pe/Archivos/Publicaciones/boom_telecomunicaciones/boom_telecomunicaciones_osiptel.html#6. [5]

Anexo 2.A. Plan Estratégico Institucional (PEI) del OSIPTEL, 2018-2022

COD	Acción estratégica	Indicador
OEI.01 Promover la competencia entre empresas operadoras de servicios de telecomunicaciones		
AEI.01.01	Vigilancia y análisis del mercado de telecomunicaciones implementado para el beneficio de los usuarios el beneficio de los usuarios.	% herramientas de fortalecimiento del sistema de vigilancia de promoción de la competencia implementadas y/o mejoradas
		% de herramientas de vigilancia de promoción de competencia con efectividad en su uso
		% de problemas de competencia analizados de manera oportuna
AEI.01.02	Políticas y estrategias formuladas e implementadas para promover la competencia entre empresas operadoras	% de problemas de competencia analizados que cuentan con políticas y/o estrategias definidas.
		% de normas emitidas y/o actualizadas bajo estándares RIA
AEI.01.03	Marco normativo actualizado bajo estándares RIA para beneficio del Mercado de telecomunicaciones	% de normas cuya eficacia se evaluó bajo estándares RIA
		% de normas evaluadas que califican como eficaces
AEI.01.04	Supervisión del Mercado de telecomunicaciones de manera oportuna	% de supervisiones de competencia ejecutados en plazo
		% de controversias resueltas en un plazo menor al establecido
AEI.01.05	Solución de controversias de libre y leal competencia eficiente y oportuna para las empresas operadoras	% de puntos de las resoluciones de los Cuerpos Colegiados confirmadas en segunda instancia
		% de Informes de Investigación Preliminar efectivos.
OEI.02 Garantizar el cumplimiento de los estándares de calidad de los servicios de telecomunicaciones establecidos en relación a lo ofrecido por las empresas operadoras.		
AEI.02.01	Vigilancia y análisis de la calidad de la prestación de los servicios de telecomunicaciones implementado para beneficio de los usuarios.	% herramientas de fortalecimiento del sistema de vigilancia de calidad de prestación implementadas y/o mejoradas
		% de herramientas de vigilancia de la calidad de prestación de los servicios con efectividad en su uso
		% de problemas de calidad de prestación de servicios de telecomunicaciones analizados oportunamente
AEI.02.02	Estándares de calidad adecuada ofrecidos a los usuarios de servicios de telecomunicaciones.	% de problemas de calidad de los servicios de telecomunicaciones que cuentan con estándares definidos y/o revisados
AEI.02.03	Monitoreo, compromisos de mejora, supervisión y fiscalización eficaz de la calidad de la prestación de los servicios de telecomunicaciones.	% de monitoreos que generaron soluciones
		% de supervisiones que generaron correcciones durante la supervisión
		% de compromisos de mejora de las empresas operadoras ejecutadas
		% de medidas dictadas en el proceso de fiscalización cumplidas
OEI.03 Promover la atención adecuada de los usuarios por parte de las empresas operadoras de servicios de telecomunicaciones.		
AEI.03.01	Vigilancia y análisis de los problemas que tienen los usuarios de los servicios de telecomunicación implementada.	% herramientas de fortalecimiento del sistema de vigilancia de problemas de usuarios implementadas y/o mejoradas
		% de herramientas de vigilancia de calidad de atención a los usuarios con efectividad en su uso
		% de problemas de calidad de atención a los usuarios, analizados oportunamente

COD	Acción estratégica	Indicador
AEI.03.02	Políticas y estrategias formuladas e implementadas para proteger al usuario de servicios de telecomunicaciones.	% de problemas de calidad de atención a usuarios que cuentan políticas y/o estrategias definidas.
AEI.03.03	Supervisión de la calidad de atención a usuarios de los servicios de telecomunicaciones, brindados de manera oportuna.	% de supervisiones de calidad de atención a usuarios, ejecutados en plazo
OEI.04 Empoderar a los usuarios de servicios de telecomunicaciones.		
AEI.04.01	Información para la toma de decisiones, actualizada en beneficio de los usuarios de los servicios de telecomunicaciones.	% de herramientas informáticas puestas a disposición de los usuarios de los servicios de telecomunicaciones implementados y/o mejorados.
		% de usuarios que compararon entre planes y/o empresas operadoras antes de contratar
		Nº de canales de información puesta a disposición de los usuarios.
AEI.04.02	Intervención en el proceso de solución de reclamos de usuarios, eficaz para beneficio de los usuarios de los servicios de telecomunicaciones.	% de soluciones anticipadas de reclamos favorables al usuario
		% de reclamos fundados en primera instancia
		% de soluciones anticipadas de recursos de apelación
AEI.04.03	Solución de quejas y apelaciones efectivo para el beneficio de los usuarios.	% de denuncias en las que se acreditó el cumplimiento de la empresa operadora
		% de resoluciones del TRASU cumplidas
		% de recursos de apelación resueltos en segunda instancia dos días antes del plazo establecido
AEI.04.04	Orientación efectiva a los usuarios de los servicios de telecomunicaciones.	% de usuarios satisfechos con el servicio de orientación brindado por el OSIPTEL
AEI.04.05	Educación especializada en derechos y deberes para los usuarios de los servicios públicos de telecomunicaciones.	% de usuarios satisfechos con los servicios de educación brindados por el OSIPTEL.
		% de usuarios evaluados satisfactoriamente con los servicios de educación brindados por el OSIPTEL.
OEI.05 Consolidar la reputación en alta especialización y transparencia.		
AEI.05.01	Estrategias de comunicación diferenciadas por cada actor interesado	% de estrategias de comunicación diseñadas para cada actor interesado
		% de cumplimiento de las actividades de las estrategias de comunicación diferenciadas por actor interesado
AEI.05.02	Procesos y sentencias judiciales con resultados favorables para el OSIPTEL.	% de procesos concluidos en el año
		% de procesos judiciales concluidos a favor del OSIPTEL en el año
		% de sentencias obtenidas a favor del OSIPTEL en el año
AEI.05.03	Intercambio eficaz de buenas prácticas de gestión con actores internacionales.	% de buenas prácticas identificadas como replicables en la Institución
		% de espacios (*) en los que el OSIPTEL presenta su experiencia de gestión. * Por "espacios" se entiende a talleres, exposiciones, presentaciones y pasantías
OEI.06 Consolidar el modelo de excelencia en la gestión institucional.		
AEI.06.01	Planeamiento estratégico eficiente del OSIPTEL.	% de ejecución de las metas del PEI programadas.
		% de metas programadas modificadas
AEI.06.02	Presupuesto gestionado por resultados, implementado y programado por prioridades en el OSIPTEL.	% de certificaciones presupuestales aprobadas
		Índice de eficiencia de ejecución de recursos financieros
AEI.06.03	Gestión por Procesos implementado en el OSIPTEL.	% de procesos clave rediseñados y alineados al PEI
		% de procesos clave rediseñados e incorporados al ISO
AEI.06.04	TIC's integrados que soportan el negocio institucional.	% de soluciones tecnológicas implementadas a disposición de los usuarios internos
		% de sistemas integrados
		% de procesos que se encuentran sistematizados
		% de requerimientos de las áreas usuarias atendidas en plazo
AEI.06.05	Gestión de la innovación y modelos de mejora continua eficaces para beneficio del OSIPTEL.	% del personal que participa en la gestión de la innovación del Osiptel.
		% de iniciativas desarrolladas que son implementadas por las Unidades Orgánicas en su gestión.

COD	Acción estratégica	Indicador
AEI.06.06	Gestión de riesgos controlados para el OSIPTEL.	% de riesgos altos y extremos institucionales sobre los cuales se han tomado acciones
AEI.06.07	Gestión del conocimiento implementado en el OSIPTEL.	% del sistema de gestión del conocimiento implementado
		% del personal identificado como generador de conocimiento que incorpora activos de conocimiento al sistema
		% de activos de conocimiento actualizados y valorados
		% del personal que accede al sistema de gestión del conocimiento
AEI.06.08	Fortalecimiento de capacidades de los recursos humanos del OSIPTEL.	Índice de clima laboral
		% de colaboradores que incrementaron su promedio en la evaluación de desempeño
AEI.06.09	Gestión financiera sostenible del OSIPTEL.	% de aportes recaudados dentro del plazo de vencimiento
		% de empresas operadoras que han presentado su declaración jurada anual de ingresos percibidos y facturados
		% de requerimientos contratados a tiempo y de forma completa dentro del tiempo estándar establecido
OEI.07 Implementar la gestión de riesgo de desastres.		
AEI.07.01	Sistema de preparación ante emergencia por desastres de manera oportuna para el OSIPTEL.	Nº de informes de preparación del personal para casos de emergencia por desastres.
AEI.07.02	Plan de acción para la gestión de riesgos de desastres de manera oportuna para el OSIPTEL.	Nº de planes de acción formuladas y/o actualizadas para la gestión de riesgo de desastres.

Fuente: Información proporcionada por el OSIPTEL, 2018.

Anexo 2.B. Aplicación del AIR en las tarifas tope y los cargos de interconexión

Normas con AIR	Resolución (Borrador / Final)	Fecha de publicación	Método utilizado	Link web (informes)
Modificación del Reglamento General de Tarifas	Borrador: Resolución N° 074-2016-CD/OSIPTEL	13.06.2016	Análisis de criterios múltiples	http://www.osiptel.gob.pe/repositorioaps/data/1/1/1/PAR/074-2016-cd-osiptel/Informe229-GPRC-2016_Resolucion074-2016-CD-OSIPTEL.pdf
Regulación de la Neutralidad de la Red	Final: Resolución N° 165-2016-CD/OSIPTEL	21.12.2016	Análisis cualitativo de costos y beneficios	http://www.osiptel.gob.pe/repositorioaps/data/1/1/1/PAR/res165-2016-cd/Res165-2016-CD_Inf400-GPRC-2016.pdf
Revisión del cargo tope de interconexión por acceso a la plataforma de pago	Final Resolución N° 024- 2017-CD/OSIPTEL	25.02.2017	Análisis cualitativo de costos y beneficios	http://www.osiptel.gob.pe/repositorioaps/data/1/1/1/PAR/res024-2017-cd/Res024-2017-CD_Inf028-GPRC-2017.pdf
Revisión del cargo tope de interconexión para facturación y recaudación	Final Resolución N° 030-2017-CD/OSIPTEL	13.03.2017	Análisis cualitativo de costos y beneficios	http://www.osiptel.gob.pe/repositorioaps/data/1/1/1/PAR/res030-2017-cd/Res030-2017-CD_Inf038-GPRC-2017.pdf
Normas complementarias aplicables a los operadores de infraestructura móvil rural	Final Resolución N° 059-2017-CD/OSIPTEL	28.04.2017	Análisis de criterios múltiples	http://www.osiptel.gob.pe/repositorioaps/data/1/1/1/PAR/res059-2017-cd/Res059-2017-CD_Inf074-GPRC-2017.pdf
Normas complementarias para la implementación del RENTESEG	Final Resolución N° 081-2017-CD/OSIPTEL	13.07.2017	Análisis de criterios múltiples	http://www.osiptel.gob.pe/repositorioaps/data/1/1/1/PAR/res081-2017-cd/Res081-2017-CD_Inf138-GPRC-2017.pdf
Determinación de proveedor Importante: mercados N° 22 23 y 24 (Servicio mayorista de arrendamiento de circuitos locales, LDN y LDI)	Borrador: Resolución N° 124-2017-CD/OSIPTEL	27.10.2017	Análisis cualitativo de costos y beneficios	http://www.osiptel.gob.pe/repositorioaps/data/1/1/1/PAR/res124-2017-cd/Res124-2017-CD_Inf184-GPRC-2017.pdf
Sistema de tarifas del servicio de TV de paga	Borrador: Resolución N° 159-2017-CD/OSIPTEL	23.12.2017	Análisis cualitativo de costos y beneficios	http://www.osiptel.gob.pe/repositorioaps/data/1/1/1/PAR/res159-2017-cd/Res159-2017-CD_Inf223-GPRC-2017.pdf
Modificación del Reglamento de Portabilidad de los Números	Borrador: Resolución N° 158-2017-CD/OSIPTEL	23.12.2017	Análisis de criterios múltiples	http://www.osiptel.gob.pe/repositorioaps/data/1/1/1/PAR/res158-2017-cd/Res158-2017-CD_Inf192-GPRC-2017.pdf
Revisión del cargo tope de interconexión para las redes de terminación de las llamadas en redes móviles	Final Resolución N° 021-2018-CD/OSIPTEL	28.01.2018	Análisis cualitativo de costos y beneficios	http://www.osiptel.gob.pe/repositorioaps/data/1/1/1/PAR/res021-2018-cd/05-Res021-2017-CD_Inf016-GPRC-2018.pdf
Determinación de proveedor importante: Mercados N° 30 (Acceso a la Red Móvil) y N° 33 (Acceso al servicio de móviles)	Borrador: Resolución N° 024-2018-CD/OSIPTEL	01.02.2018	Análisis cualitativo de costos y beneficios	http://www.osiptel.gob.pe/repositorioaps/data/1/1/1/PAR/res024-2018-cd/res024-2018-cd_inf229-gprc-2018.pdf
Modificación de la metodología y las normas para la determinación de los cargos de interconexión diferenciados	Final Resolución N° 038-2018-CD/OSIPTEL	16.02.2018	Análisis de criterios múltiples	http://www.osiptel.gob.pe/repositorioaps/data/1/1/1/PAR/res038-2018-cd/Res038-2018-CD_Inf008-GPRC-2018.pdf

Fuente: Información proporcionada por el OSIPTEL, 2018.

Anexo A. Metodología

Medir el desempeño regulatorio constituye un reto, empezando porque se debe definir qué se medirá, lidiar con factores confusos, atribuir resultados a las intervenciones y enfrentarse a la falta de datos e información. En este capítulo se describe la metodología desarrollada por la OCDE para ayudar a los organismos reguladores a enfrentar estos retos por medio de un Marco para la Evaluación del Desempeño de los Reguladores Económicos (Performance Assessment Framework for Economic Regulators, PAFER). El capítulo muestra parte del trabajo realizado por la OCDE sobre la medición del desempeño regulatorio. Luego describe las características clave del PAFER y ofrece una tipología de los indicadores de desempeño para medir insumos, proceso, rendimiento y resultados. Por último, presenta una perspectiva del criterio y las medidas prácticas tomadas para desarrollar este informe.

Marco analítico

El marco analítico que conforma este estudio se basa en el trabajo realizado por la OCDE al medir el desempeño regulatorio y la gobernanza de los reguladores económicos. Los países miembros de la OCDE y los reguladores han reconocido la necesidad de medir el desempeño regulatorio. La información sobre este desempeño es necesaria para destinar mejor los escasos recursos y optimizar el desempeño general de las normas regulatorias y de los reguladores. Sin embargo, la medición del desempeño regulatorio puede resultar todo un desafío. Algunos de estos retos incluyen:

- *Qué medir*: los sistemas de evaluación requieren un diagnóstico de la manera en que los insumos influyen en el rendimiento y los resultados. En el caso de la política regulatoria, los insumos pueden centrarse en: i) los programas generales diseñados para promover una mejora sistemática de la calidad regulatoria; ii) la aplicación de prácticas específicas tendientes a mejorar la regulación o iii) cambios en el diseño de regulaciones específicas.
- *Factores confusos*: hay infinidad de problemas contingentes que influyen en los resultados en la sociedad a la que se prevé que afecte la regulación. Estos problemas pueden ser tan sencillos como un cambio en el estado del tiempo o tan complicados como la última crisis financiera. Por consiguiente, es difícil establecer una relación causal directa entre la adopción de mejores prácticas regulatorias y mejoras específicas en los resultados de bienestar buscados en la economía.
- *Falta de datos e información*: los países suelen carecer de datos y metodologías para identificar si las prácticas regulatorias se ejecutan correctamente y qué impacto pueden tener en la economía real.

El *Marco de la OCDE para la evaluación de la política regulatoria* (2014[1]) aborda estos retos con una lógica de insumos-proceso-rendimiento- resultados, la que divide el proceso regulatorio en una secuencia de pasos concretos. Dicha lógica es flexible y puede aplicarse tanto a la evaluación de las prácticas para mejorar la normativa regulatoria en general, como a la evaluación de la normativa regulatoria en sectores específicos, con base en la identificación de objetivos estratégicos pertinentes. Puede adaptarse a los reguladores económicos tomando en cuenta las condiciones que respaldan su desempeño (encuadro A A.1.)

Los *Principios para la Mejores Prácticas de la OCDE en materia de Política Regulatoria: Gobernanza de Reguladores* (OECD, 2014[13] identifica algunas de las condiciones que respaldan el desempeño de los reguladores económicos. Reconocen la importancia de evaluar la manera en que un regulador se dirige, controla, financia y se responsabiliza, con el fin de aumentar la eficacia general de los reguladores y promover el crecimiento y la inversión, incluyendo el apoyo a la competencia. Más aún, confirman el efecto positivo que el propio proceso interno del órgano regulador —cómo gestiona los recursos y qué procesos implanta para regular determinado sector o mercado— tiene en los resultados (gráfica A A.1).

Encuadro A A.1. Secuencia lógica de insumos-proceso-rendimiento-resultado

- Paso I. Insumos: los indicadores incluyen, por ejemplo, el presupuesto y el personal del cuerpo de supervisión regulatoria.
- Paso II. Proceso: los indicadores evalúan si hay requisitos formales para buenas prácticas regulatorias. Esto incluye los requisitos para establecer objetivos, la consulta, análisis de hechos fehacientes, simplificación administrativa, evaluaciones de riesgos y armonización internacional de cambios regulatorios.
- Paso III. Rendimiento: los indicadores proporcionan información que comunica si en realidad se implementaron buenas prácticas regulatorias.
- Paso IV. Impacto del diseño en los resultados (también denominados resultados intermedios): los indicadores evalúan si las buenas prácticas regulatorias contribuyeron a mejorar la calidad de las regulaciones. Por ende, intenta crear un vínculo causal entre el diseño de la política regulatoria y los resultados.
- Paso V. Resultados estratégicos: los indicadores evalúan si se lograron los resultados deseados con la política regulatoria, tanto en función de la calidad regulatoria como de resultados regulatorios.

Fuente: (OECD, 2014[12]).

Gráfica A A.1. Principios de las mejores prácticas de la OCDE en materia de gobernanza de los reguladores

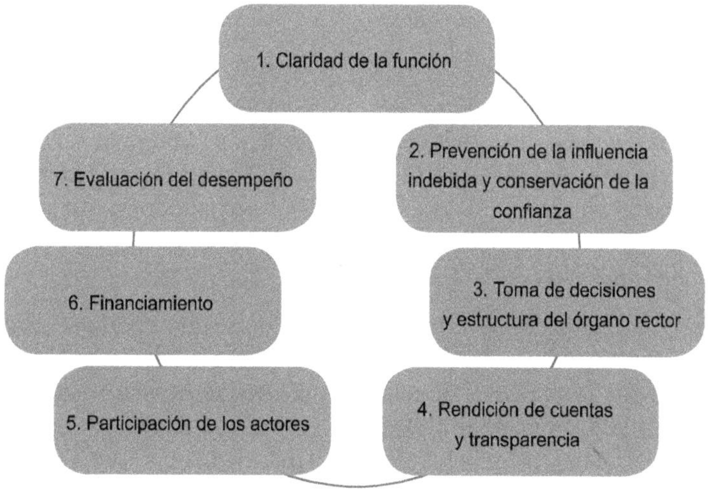

Fuente: Adaptado de (OECD, 2014[2]).

Los dos marcos se juntan en un Marco para la Evaluación del Desempeño de los Reguladores Económicos (*Performance Assessment Framework for Economic Regulators*, PAFER) que estructura los impulsores del desempeño en el marco de insumos-proceso-rendimiento-resultado (cuadro A A.1).

Cuadro A A.1. Criterios para evaluar el propio marco de desempeño de los reguladores

Referencias	Objetivos Estratégicos	Insumos	Proceso	Rendimiento y resultados
Principios de las mejores prácticas para la gobernanza de los órganos reguladores	• Claridad del rol.	• Financiamiento	• Conservación de la confianza y prevención de la influencia indebida. • Toma de decisiones y estructura del órgano rector. • Rendición de cuentas y transparencia. • Participación de los actores interesados	• Evaluación de desempeño
¿Impulsores institucionales, organizacionales y de monitoreo?	• Objetivos y metas • Funciones y facultades	• Gestión presupuestaria y financiera • Gestión de recursos humanos	• Estrategia, liderazgo y coordinación • Estructura institucional • Sistemas de gestión y procesos operativos • Relaciones y contactos con los órganos de gobierno, las entidades reguladas y otros actores interesados clave • Herramientas de gestión regulatoria	• Estándares e indicadores de desempeño • Procesos e informes de desempeño • Retroalimentación o evidencia externa del desempeño

Fuente: Análisis OCDE.

Indicadores de desempeño

Para los reguladores, los indicadores de desempeño necesitan ser adecuados para la evaluación del desempeño, la cual es una valoración analítica, sistemática, de las actividades del órgano regulador con el fin de buscar la confiabilidad y funcionalidad de sus actividades. La evaluación del desempeño no es una auditoría que juzga cómo llevan a cabo su misión los empleados y directores, ni un control que haga énfasis en el cumplimiento de las normas (OECD, 2004[3]).

Por consiguiente, los indicadores de desempeño necesitan evaluar el uso eficiente y eficaz de los insumos de un regulador, la calidad de los procesos regulatorios e identificar el rendimiento y algunos resultados directos que puedan atribuirse a las intervenciones del regulador. Los resultados más amplios deberán servir como "atalaya" que proporciona la información que el regulador puede utilizar para identificar las áreas problemáticas, orientar las decisiones e identificar las prioridades (gráfica A A.2).

Gráfica A A.2. Marco de insumos-proceso-rendimiento-resultados para los indicadores de desempeño

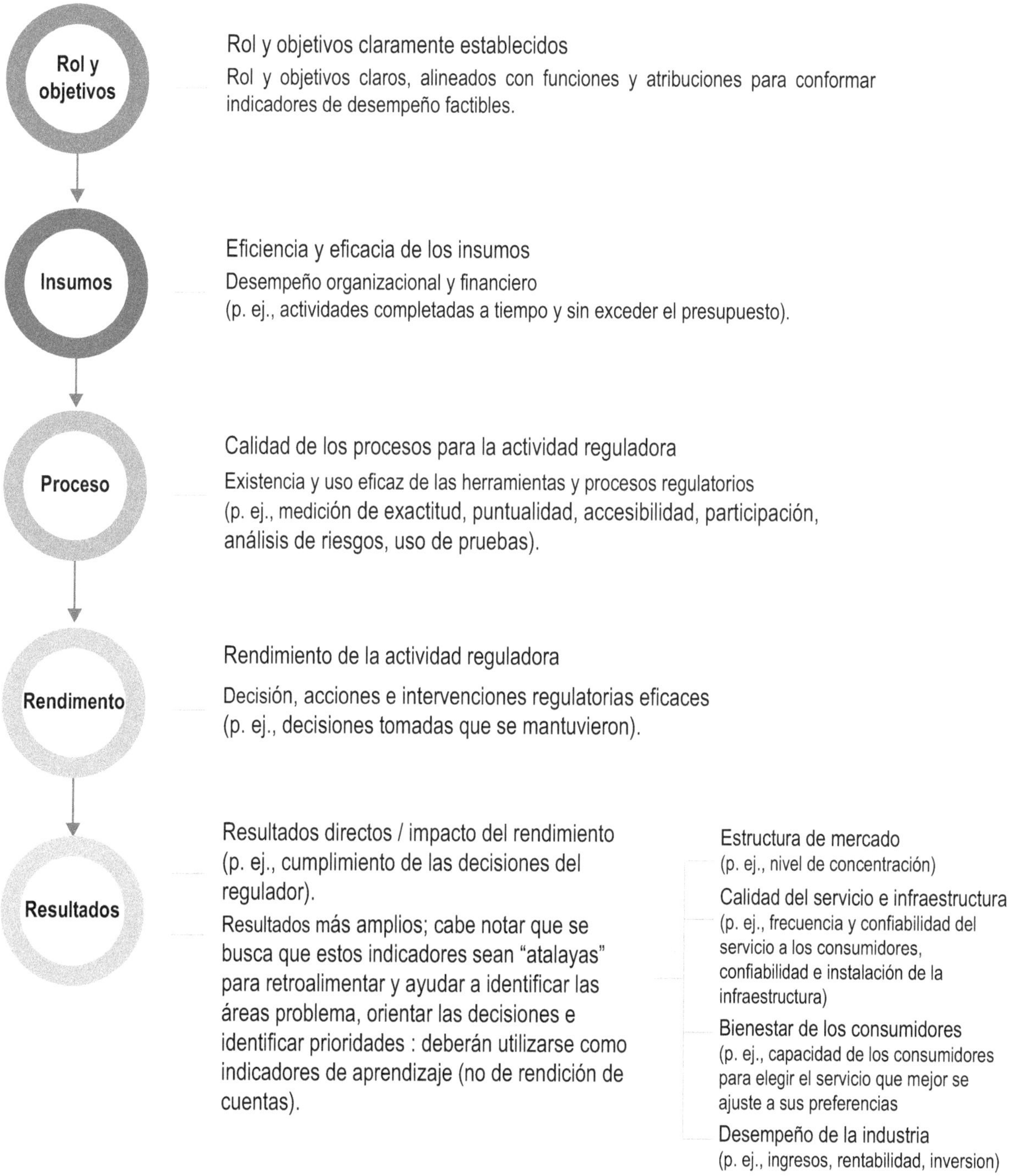

Notas: Este marco fue propuesto en la metodología inicial para el Marco para la Evaluación del Desempeño de los Reguladores Económicos (*Performance Assessment Framework for Economic Regulators, PAFER*) analizado con la Red de Reguladores Económicos (*Network of Economic Regulators, NER*) de la OCDE. Se afinó para reflejar la retroalimentación de los miembros de la NER y la experiencia de otros reguladores en la evaluación de su propio desempeño.

Fuente: OECD (2015), *Driving Performance at Colombia's Communications Regulator*, gráfica 3.3 (actualizado en 2017), OECD Publishing, París, http://dx.doi.org/10.1787/9789264232945-en.

Criterio

El marco analítico presentado antes dio cuenta de la recopilación de datos y del análisis presentado en el informe. El presente informe se centró en los elementos de gobernanza interna y externa del Organismos Supervisión de Inversión Privada en Telecomunicaciones, OSIPTEL, en las siguientes áreas:

- ***Objetivos estratégicos***: identificar objetivos, propósitos o metas claramente establecidos que estén en armonía con las funciones y facultades del regulador, lo cual puede documentar el desarrollo de los indicadores de desempeño viables.
- ***Insumos***: determinar el grado en que el financiamiento y el personal del regulador son acordes con los objetivos, propósitos o metas de éste y a la capacidad del regulador para gestionar recursos financieros y humanos de manera autónoma y eficaz.
- ***Proceso***: evaluar el grado en que los procesos y la gestión organizacional respaldan el desempeño del regulador.
- ***Rendimiento y resultados***: identificar una evaluación sistemática del desempeño de las entidades reguladas, el impacto de las decisiones y actividades del regulador y el grado en que estas mediciones se usan adecuadamente.

Los datos que conforman el análisis presentado en el informe se recabaron mediante una revisión de documentos, una misión de investigación y una misión de pares que visitó Perú:

- ***Cuestionario y revisión de documentos***: El OSIPTEL completó un cuestionario detallado revisado por la Secretaría de la OCDE. La Secretaría llevó a cabo un examen preliminar de la legislación y de los documentos del OSIPTEL para recabar información sobre el funcionamiento *de jure* del órgano e informar la base de la misión de investigación. Este cuestionario fue diseñado para OSIPTEL, basado en la metodología ya aplicada por la OCDE a la Comisión de Regulación de Comunicaciones de Colombia (OECD, 2015[4]), la Comisión de Servicios Públicos de Letonia (OECD, 2016[5]), los tres reguladores de energía de México (OECD, 2017[6]); (OECD, 2017[7]); (OECD, 2017[8]); (OECD, 2017[9]) y a la Comisión para la Regulación de Servicios Públicos de Irlanda (OECD, 2018[10]). Una serie de reuniones individuales se llevaron a cabo en Lima, del 13 al 15 de febrero del 2018, con los diversos equipos responsables de completar el cuestionario, lo que coincidió con el inicio del proceso de revisión.
- ***Misión de investigación***: la misión fue realizada por el personal de la Secretaría de la OCDE del 14 al 17 de mayo de 2018 en Lima y fue la herramienta clave para recabar y completar la información *de jure* con el estado de las cosas *de facto*. El trabajo de la misión de investigación adaptó la metodología del PAFER a las características del OSIPTEL. La información recabada se completó y constató con OSIPTEL, y aspectos para posterior discusión fueron alertados.
- ***Misión de pares***: la misión transcurrió del 11 al 14 de septiembre de 2018 en Lima e incluyó revisores pares, además del personal de la Secretaría de la OCDE. Esta misión se llevó a cabo en paralelo con la misión de pares para la revisión PAFER del Organismo Supervisor de la Inversión en Energía y Minería, Osinergmin, lo que ayudó a los equipos revisores a entender los desafíos sistemáticos que enfrentan las autoridades reguladoras en Perú. El equipo de la misión se reunió con actores interesados clave para el OSIPTEL, tanto internos como externos. Al final de la misión, el equipo discutió los hallazgos y recomendaciones preliminares

conjuntamente con la alta dirección de OSIPTEL y Osinergmin, para probar su viabilidad.

Durante las misiones de investigación y de pares, el equipo se reunió con la alta dirección de OSIPTEL, así como con el personal del regulador, otras instituciones públicas y actores interesados externos, incluyendo:

- Agencia de Promoción de la Inversión Privada, ProInversión
- Comisión Defensa del Consumidor y Organismos Reguladores de los Servicios Públicos, CODECO)
- Instituto Nacional de Defensa de la Competencia y Protección de la Propiedad Intelectual, Indecopi
- Ministerio de Economía y Finanzas, MEF
- Ministerio de Transportes y Comunicaciones, MTC
- Centro Nacional de Planeamiento estratégico, CEPLAN
- Presidencia del Consejo de Ministros, PCM
- Asociación Peruana de Consumidores y Usuarios, ASPEC
- Fondo de Inversión en Telecomunicaciones, FITEL
- América Móvil Perú S.A. (Claro)
- Entel Perú S.A.
- Telefonica del Perú S.A.A
- Viettel Perú S.A.C.

Referencias

OECD (2018), *Driving Performance at Ireland's Commission for Regulation of Utilities*, The Governance of Regulators, OECD Publishing, Paris, http://dx.doi.org/10.1787/9789264190061-en. [10]

OECD (2017), *Driving Performance at Mexico's Agency for Safety, Energy and Environment*, The Governance of Regulators, OECD Publishing, Paris, https://dx.doi.org/10.1787/9789264280458-en. [9]

OECD (2017), *Driving Performance at Mexico's Energy Regulatory Commission*, The Governance of Regulators, OECD Publishing, Paris, https://dx.doi.org/10.1787/9789264280830-en. [7]

OECD (2017), *Driving Performance at Mexico's National Hydrocarbons Commission*, The Governance of Regulators, OECD Publishing, Paris, https://dx.doi.org/10.1787/9789264280748-en. [8]

OECD (2017), *Driving Performance of Mexico's Energy Regulators*, The Governance of Regulators, OECD Publishing, Paris, https://dx.doi.org/10.1787/9789264267848-en. [6]

OECD (2016), *Driving Performance at Latvia's Public Utilities Commission*, The Governance of Regulators, OECD Publishing, Paris, https://dx.doi.org/10.1787/9789264257962-en. [5]

OECD (2015), *Driving Performance at Colombia's Communications Regulator*, OECD Publishing, Paris, https://dx.doi.org/10.1787/9789264232945-en. [4]

OECD (2014), *OECD Framework for Regulatory Policy Evaluation*, OECD Publishing, Paris, https://dx.doi.org/10.1787/9789264214453-en. [1]

OECD (2014), *The Governance of Regulators*, OECD Best Practice Principles for Regulatory Policy, OECD Publishing, Paris, https://dx.doi.org/10.1787/9789264209015-en. [2]

OECD (2004), *The choice of tools for enhancing policy impact: Evaluation and review*, OECD, Paris, http://www.oecd.org/officialdocuments/publicdisplaydocumentpdf/?cote=gov/pgc(2004)4&doclanguage=en (acceso 16 de noviembre 2018). [3]

LA ORGANIZACIÓN PARA LA COOPERACIÓN Y EL DESARROLLO ECONÓMICOS (OCDE)

La OCDE constituye un foro único en su género, donde los gobiernos trabajan conjuntamente para afrontar los retos económicos, sociales y medioambientales que plantea la globalización. La OCDE está a la vanguardia de los esfuerzos emprendidos para ayudar a los gobiernos a entender y responder a los cambios y preocupaciones del mundo actual, como el gobierno corporativo, la economía de la información y los retos que genera el envejecimiento de la población. La Organización ofrece a los gobiernos un marco en el que pueden comparar sus experiencias políticas, buscar respuestas a problemas comunes, identificar buenas prácticas y trabajar en la coordinación de políticas nacionales e internacionales.

Los países miembros de la OCDE son: Alemania, Australia, Austria, Bélgica, Canadá, Chile, Corea, Dinamarca, Eslovenia, España, Estados Unidos de América, Estonia, Finlandia, Francia, Grecia, Hungría, Irlanda, Islandia, Israel, Italia, Japón, Letonia, Lituania, Luxemburgo, México, Noruega, Nueva Zelanda, Países Bajos, Polonia, Portugal, Reino Unido, República Checa, República Eslovaca, Suecia, Suiza y Turquía. La Comisión Europea participa en el trabajo de la OCDE.

Las publicaciones de la OCDE aseguran una amplia difusión de los trabajos de la Organización. Éstos incluyen los resultados de la compilación de estadísticas, los trabajos de investigación sobre temas económicos, sociales y medioambientales, así como las convenciones, directrices y los modelos desarrollados por los países miembros.

ÉDITIONS OCDE, 2, rue André-Pascal, 75775 PARÍS CEDEX 16
(42 2018 56 4 P) ISBN 978-92-64-31057-5 – 2019

www.ingramcontent.com/pod-product-compliance
Lightning Source LLC
LaVergne TN
LVHW081408110826
845149LV00010B/1672

* 9 7 8 9 2 6 4 3 1 0 5 7 5 *